Jörg Zink

Wie die Farben im Regenbogen

Sieben Bilder
vom Reich Gottes

Kreuz Verlag

CIP-Kurztitelaufnahme der Deutschen Bibliothek

Zink, Jörg
Wie die Farben im Regenbogen. Sieben Bilder vom Reich Gottes /
Jörg Zink. – 1. Aufl. – Stuttgart: Kreuz-Verlag, 1986.
  ISBN 3-7831-0814-4

INHALT

ERINNERUNG

Es könnte im Jahr 1943 oder 1944 gewesen sein, als der aufmerksame Zeitgenosse erkennen konnte, daß der Krieg verloren war. Ich war des allgemeinen Heldentums und seiner Verehrung müde und wünschte mir ein Ende des Schrecklichen. Da stand er zum ersten Mal vor mir: groß, vollkommen, in starken Farben.

Wir flogen durch eine Gewitterzone zwischen ungeheuren Wolkentürmen, durch Regenvorhänge und blendende Sonnenhelligkeit, und plötzlich stand ein Regenbogen klar und leuchtend vor uns, ein großer, doppelter Kreis. Aber er war anders, als wir ihn von der Erde her kannten, er war nicht der Halbbogen, der auf der Landschaft aufruht, sondern ein voller, doppelter Ring, und der kleine Schatten des eigenen Flugzeugs stand in seiner Mitte.

Der Anblick traf mich wie eine Offenbarung. So ist das also! dachte ich. Wenn nicht die Erde die Hälfte verdeckt, ist der Regenbogen ein voller, runder Ring. Er ist halb nur für unsere Augen, und nur, wenn wir unten auf der Erde stehen.

Mir war damals durchaus nicht gewiß, ob diese Welt und dieses Dasein Sinn und Zusammenhang hätten. Ich wußte durchaus nicht, was ich tun müsse, um selbst etwas Ganzes zu sein statt eines Sammelsuriums von Kräften und Wünschen und

Abhängigkeiten, von denen keine zur anderen in sinnvollem Zusammenhang stand. Ich war noch sehr tastend auf der Suche nach mir selbst.

Vor allem aber waren die Zeiten so, daß ein nachdenklicher Mensch nicht zurecht kam, ohne sich in zwei verschiedenen Welten gleichzeitig aufzuhalten.

Ich hatte mich wie alle meine Schulfreunde im zweiten Kriegsjahr freiwillig gemeldet, mit achtzehn Jahren, um als einer der vielen Helden das Meine zu tun, dem großen „Ganzen" zu dienen. „Ans Vaterland, ans teure, schließ dich an", hatten wir von Schiller gelernt. Das neue Großdeutschland war für uns das Ganze, und wir selbst fanden unsere eigene Ganzheit als ein Teil von ihm.

Aber schon im vierten Kriegsjahr schrieb ich Briefe nach Hause, in denen zu lesen war: „Es ist unmöglich. Wir dürfen diesen Krieg nicht gewinnen. Es wäre ein Unglück für die ganze Menschheit." Lose Verbindungen zum Freundeskreis der Weißen Rose vertieften die Spaltung in der Zeit, als etliche Schulfreunde vor dem Volksgerichtshof standen. Welchem Gesetz, dem des Vaterlandes oder dem des Gewissens, sollte der Gehorsam gelten?

Viele von uns lebten damals so in zwei verschiedenen Welten. Wir flogen gegen den Feind, wir schossen, wir wurden abgeschossen und flogen erneut. Wir wußten, daß die Chance zu überleben

8

für uns wie eins zu zehn stand oder wie eins zu hundert, und meinten, diese Bereitschaft zum Tode dem Vaterland schuldig zu sein. An den Abenden aber saß ich in irgendeinem Winkel und las Reinhold Schneiders Sonette oder Hölderlins Hymnen und wußte, daß dies der Krieg des Unmenschen war. Ich las in den Reden des Jesus von Nazaret und verstand, daß es für das, was wir taten, so etwas wie einen Segen oder auch nur eine Erlaubnis Gottes nicht gab, und wünschte mir, dieser Krieg möchte baldmöglichst sein verdientes Ende finden.

Wir hatten gelernt, wenn erst das große Reich der edlen deutschen Seele errichtet sei, würde auf dieser Erde alles gut sein. Eines Tages aber stand ich auf einem Verschiebebahnhof und sah einen Güterzug, in dem die Gefangenen eines Konzentrationslagers auf Gestellen geschichtet lagen, bleich, elend, abgezehrt, aus hohlen Augen mich anschauend. SS-Leute davor, die Waffe im Anschlag. Riesige deutsche Doggen liefen um den Transport. Was war nun die Teilnahme an diesem Krieg für einen jungen Menschen? Heldentum oder Verbrechen? Wo lag das Gebot, im Gehorsam oder im Aufstand? Wo lag das Maß, an dem der Zwanzigjährige messen konnte, was zu tun war?

Ich konnte mich, solange der Krieg währte, aus diesem Zwiespalt nicht befreien, und wie mir, so erging es vielen. Aber da stand nun der ungeheure Farbkreis des Regenbogens zwischen den Wolken,

9

als wolle er dem zerrissenen jungen Menschen das Ganze zeigen. Nicht weniger als das Ganze. Aber wo war es zu finden? In der Verborgenheit der eigenen Seele? Oder in einer Zukunft, die noch nicht war?

Rund und vollkommen und wie eine ferne Verheißung stand er da. Innen beginnend mit Violett, über Indigo und Blau zu Grün, Gelb und Orange und bis zu seinem warmen Rot und von diesem Rot hinüberschmelzend zum Rot des äußeren Rings und dort wieder die Farben durchwandernd bis zu dem geheimnisvollen Violett.

Vielleicht oder sicher lag es an Bildern dieser Art, daß mir damals das Vertrauen ins Dasein nicht ganz verlorenging, das Vertrauen in seine Verläßlichkeit und Sinnhaftigkeit, der Glaube auch, es sei da einer, der das Elend dieser zerfetzten Welt barmherzig und heilend umgreift. Mir schien, wenn die irdische Begrenzung aufgehoben sei, dann könne zwischen den Wettertürmen unserer Erfahrungen auch die schmerzlich entbehrte Ganzheit dieses Daseins vor unseren Augen erscheinen.

Zwei Jahre später stand ich in einer Landschaft aus Draht, grundlosem Lehm und, so weit das Auge reichte, schwarzen amerikanischen Armeezelten. Hunderttausend oder mehr Gefangene in den „Käfigen", wie man die einzelnen Abschnitte des Lagers nannte. Ich hatte den Krieg satt bis über die Ohren und wollte nichts mehr als nach Hause, um zu sehen, wer von den Meinen noch lebte, ob das Haus meiner Kindheit noch stand und ob sich vielleicht

10

irgendeine Chance bot, ein eigenes Leben anzufangen. Da stand ich eines Tages vor einem schwarzen Brett und las: „Deutschland hat kapituliert." „Der Krieg ist aus!" ging es von Mund zu Mund. „Der Krieg ist aus!" Damals durchfuhr es mich wie ein Blitz: Von heute an werde ich aus einem Stück sein. Von heute an werde ich zwischen meinem eigenen Maß und dem, was ich politisch tue, nicht mehr trennen. Die Schizophrenie dieser Jahre hat ein Ende. Und von da an war es wieder die Erinnerung an den großen, runden, vollen Ring jenes Regenbogens, die mir vor Augen stand: nichts Halbes, nichts Teilweises, etwas Ganzes! Das war es.

Danach saßen wir, ein Kreis von Gefangenen, im Zelt und lasen die Bibel. Ich habe damals wenig verstanden, und vieles konnte mir nicht einleuchten. Aber an einigen Stellen faßte es mich elementar, wenn nämlich vom „Reich Gottes" die Rede war.

Aber auch das „Reich Gottes", dieser faszinierende Gedanke, schien mir rätselvoll. Was war denn das „Reich", von dem Jesus sprach?

„Das Reich Gottes ist nahe", sagt er.
Er sagt auch:
„Das Reich Gottes ist schon gekommen."
Und er gibt uns ein Gebet,
in dem wir bitten sollen:
„Dein Reich komme!"
Wann also ist das Reich? Jetzt oder später?

11

Das Reich Gottes wächst, leise, unauffällig,
allmählich, sagt Jesus.
„Mit dem Himmelreich ist es
wie mit einem Senfkorn,
das ein Mann auf seinen Acker säte.
Das ist das kleinste unter allen Samenkörnern.
Wenn es aber gewachsen ist,
ist es größer als alle Kräuter
und wird ein Baum ..."

Aber er sagt auch, als er von seinen Gegnern
gefragt wird: „Wann kommt das Reich Gottes?", so,
als wäre es identisch mit ihm selbst:

„Wie der Blitz aufzuckt
und von einem Ende des Himmels
bis zum anderen leuchtet,
so werde ich kommen."

Einmal sagt er:
„Das Himmelreich gleicht einem Mann,
der guten Samen auf seinen Acker säte.
Als aber die Leute schliefen, kam sein Feind
und säte Unkraut zwischen den Weizen
und ging davon.
Als nun die Saat wuchs und Frucht brachte,
da fand sich auch das Unkraut."

So ist also das Reich Gottes nur ein Teil der
Wirklichkeit, das Reich des Bösen aber steht ihm
gegenüber wie Licht und Finsternis, Recht und

Unrecht, und Gott hat nur einen Teil der Welt in seiner Hand.

Einmal sagt er:
„Das Reich Gottes kommt nicht so, daß man es sehen kann. Man kann es nicht zeigen und nicht sagen: es ist hier oder dort. Denn das Reich Gottes ist innen in euch."

Ein andermal sagt er das Umgekehrte: Das Reich ist das große Zukunftsbild der Welt, und es kommt darauf an, „in das Reich hineinzukommen".

Einmal will es scheinen, als solle die Welt selbst sich in das Reich Gottes wandeln, ein andermal sagt er zu Pilatus: Mein Reich ist nicht von dieser Welt.

Umkreisen wir also mit dem großen Gedanken vom Reich Gottes, den Jesus mit immer neuen Bildern beschreibt, ein Geheimnis, dessen Sinn und Kraft wir in dieser Welt auf keine Weise verstehen werden?

Jedenfalls ließ es mich nicht mehr los. Und von Anfang an verband sich mir die Vorstellung von diesem Gottesreich mit dem großen, vollen Kreis aus Licht, der, alles beherrschend und überstrahlend, zwischen den Wolken gestanden hatte.

Wenn ich bei den Propheten las, Himmel und Erde würden sich verbinden, war es das? Wenn sie sagten, Friede und Gerechtigkeit würden sich küssen? Oder wenn da zu lesen war, ein jeder würde unter seinem Weinstock und seinem Feigenbaum

13

wohnen? Oder wenn von dem gottgesandten Befreier und Erlöser die Rede war – war es das?

Offenbar meinte die Bibel mit dem Reich Gottes nicht etwas mir Fernes, Überirdisches, Jenseitiges nur, sondern auch etwas, das hier unten auf der Erde Gestalt annimmt. Und offenbar war die Meinung die, die großen Probleme der Welt und die kleinen unseres Schicksals spiegelten sich ineinander, und wir kämen auch mit unserer privaten Mühsal besser zurecht, wenn wir sie im Zusammenhang mit unserem gemeinsamen Menschenleben auf dieser Erde sehen könnten.

Damals las ich auch zum erstenmal mit Bewußtsein jene Geschichte der Bibel, in der vom Regenbogen erzählt wird und von seiner Bedeutung für die Menschen jener alten Zeit. Da sagt Gott:

„Solange die Erde steht, sollen nicht aufhören
Saat und Ernte, Frost und Hitze,
Sommer und Winter, Tag und Nacht.

Ich will einen Bund mit euch schließen
und mit allen lebendigen Wesen auf der Erde.
Niemals soll das Leben auf dieser Erde
wieder ausgerottet werden,
niemals mehr soll eine Flut kommen,
die Erde zu verderben.

Dies aber ist das Zeichen des Bundes,
den ich stifte:

Meinen Bogen stelle ich in die Wolken.
Wenn ich nun Wolken auftürme über der Erde
und sich der Bogen in den Wolken zeigt,
will ich ihn ansehen
und des ewigen Bundes gedenken
zwischen mir und allen lebendigen Wesen,
die auf Erden sind."
1. Mose 8, 22 und 9, 11–16

Ich fand nicht alles einleuchtend in der Geschichte von Noach und der großen Flut, aber der
„Bogen in den Wolken" war mir vertraut. Da sagt
Gott: „Die Erde ist voller Gewalttat." Ja, fügen wir
hinzu, belehrt durch alles, was wir selbst erleben
konnten, sie ist es. Sie ist voll Lüge und Unrecht,
Gewalt und Mord. Randvoll. Und dennoch besteht
sie. Wie lange noch? Wie lange wird das Wort gelten
vom Bund zwischen Gott und den lebendigen Wesen
dieser Erde? Denn die Erde wird ja gewiß keinen
Augenblick länger bestehen, als Gott sie vor dem
Nichts bewahrt.
Für die Menschen der alten Welt war der
Regenbogen ein Zeichen von elementarer Kraft. Sie
dachten sich die Erde als eine große, flache Scheibe,
als eine Art schwimmender Insel. Sie dachten sich,
die Erde schwimme auf einem riesigen, grenzenlo-
sen Meer, nur durch ein paar Pfeiler auf dem Grund
des Urmeers abgestützt, die die Bibel die „Grundfe-
sten der Erde" nennt. Über der Erde wölbe sich eine
halbkugelige Schale, das Himmelsgewölbe, das die

15

Bibel die „Feste" nennt oder das „Firmament", aus hell glänzendem Material gehämmert. Über diesem Firmament aber sei wieder ein riesiges Meer. Warum sonst wäre der Himmel so blau? Die Schöpfungsgeschichte erzählt ja, Gott habe das Wasser unter der Feste von dem Wasser über der Feste getrennt und damit das Leben der Kreatur ermöglicht. Er habe zwischen den riesigen Meeren über der Erde und unter der Erde eine kleine Zelle ausgespart für das Leben von Mensch und Tier und Pflanze und sie mit einem Gewölbe gesichert. Dieses Gewölbe also sei die Garantie dafür, daß der Himmelsozean nicht herabbreche und die Welt nicht untergehe in dem riesigen Wasser.

Das Wort, das bei uns „Sintflut" heißt, ist nach dem alten Weltbild eben dieser Himmelsozean. „Ich will eine Sintflut kommen lassen." Wenn Gott das sagt, dann heißt das eigentlich: Ich will den Himmelsozean auf die Erde herunterbrechen lassen. Ich will die Weltordnung aufheben. Und er tat das, indem er die „Fenster" am Himmelsgewölbe öffnete.

Dazu öffneten sich, so erzählt die Geschichte, von unten die Brunnen der „großen Tiefe". Das Urmeer, auf dem die Erde schwimmt und das unter unseren Füßen gefesselt liegt, befreite sich und brach von unten durch die Risse und Klüfte der Erde nach oben. So brach also das ganze Weltgebäude zusammen. Die kunstvoll gebaute Schöpfung sank ins Chaos zurück.

Mitten in dem grandiosen Szenario des Unter-

16

gangs aber spielt ein einzelner Mensch die Hauptrolle: Noach. Seltsam: Dieser von Sturm und Flut und Entsetzen gebeutelte Mensch trägt den Namen „Noach", der „Ruhende". Sein Name sagt, er habe festen Grund unter den Füßen. Und so schließt die Geschichte damit, daß das Boot, das er sich gebaut hatte, auf einem festen Grund zur Ruhe kommt und der Mensch in eine neue Welt hinaustritt. Als ein Geretteter. Er kommt nicht als ein Sieger aus der Katastrophe oder als ein Held oder ein Welteroberer, sondern als ein Begnadeter, dem Gott eine neue Frist gab, wie er mir – während so viele meiner Altersgenossen längst bei den Toten des Krieges lagen – eine neue Frist gegeben hatte.

Und nun steht Noach auf der von Unheil gezeichneten Erde und sieht zwischen den abziehenden Gewitterwolken den Regenbogen so, als spiegle sich das Licht der Sonne in der schimmernden Schale des Himmelsgewölbes. Der Himmel steht noch über der Erde, hört er. Die Welt der Menschen darf bestehen. Der Regenbogen ist das Zeichen der Bewahrung der Erde durch die Güte Gottes.

Aber die Frage ist noch immer offen: Was ist denn nun das Reich Gottes? Ist es heute oder zukünftig? Bildet es sich auf der Erde, oder kommt es aus dem unzugänglichen Raum Gottes „herab"? Jesus sagt: Wenn das Reich kommt, ist es wie bei einer Hochzeit. Verbinden sich also Himmel und Erde, und entsteht so das Reich?

Oder – ganz anders: Entsteht es dort, wo ein Mensch auf dieser Erde den Willen Gottes erfüllt? Ist es dort, wo Gerechtigkeit geschieht für die Armen und die Verfolgten? Ist es also noch fern – oder ist es schon gegenwärtig? Das Reich ist schon gekommen, sagt Jesus. Ein andermal: Der Zeitpunkt, zu dem es kommen wird, ist unbekannt.

Wie entsteht das Reich? Es wächst langsam, unmerklich, wie ein Baum aus einem Samen hervorwächst, sagt Jesus. Aber er sagt auch: Es ist plötzlich, mit einem Schlag, mitten unter euch. Es kündigt sich in kosmischen Katastrophen an. Oder ganz anders: Es durchdringt diese Erde still und unmerkbar, wie ein Sauerteig über Nacht den Brotteig durchsäuert, damit Brot für das Leben des Menschen aus ihm entsteht. Wie verbinde ich das eine mit dem anderen?

Oder hat das Reich Gottes gar eine ganze Reihe von grundverschiedenen Gestalten, in denen es erscheint? Und welche? Diese Fragen waren mir von Anfang an deshalb wichtig, weil mir schien, wer das Reich Gottes kenne, sei auch in der Lage, die Welt in all ihrer Gebrochenheit, Gespaltenheit und Zerrissenheit als ein großes Ganzes zu verstehen. Er sei fähig, sich selbst in seiner Ganzheit zu begreifen. Er sei fähig, der Geschichte der Menschheit auf dieser Erde Sinn abzugewinnen. Er finde eine Art Mittelpunkt der Welt, einen festen Ort, auf dem er stehen könne, und zugleich die Mitte in sich selbst, seine Identität, seine Bestimmung, den Zusammenhang, in dem er lebt, das große „Ganze", nach dem er auf der Suche ist.

Vor allem aber spitzte sich mir dies alles immer wieder auf die eine Frage zu, wer denn Jesus, der vom Reich Gottes sprach, selber sei. Denn mir schien, was er das Gottesreich nannte, sei in gewissem Sinn nur ein anderer Name für ihn selbst. Könnte es denn sein, daß wir das Geheimnis dieses Mannes nur begreifen, indem wir die vielen Gestalten des Gottesreichs mit ihm selbst, seiner Gestalt, seinem Bild zusammensehen? Sicher aber, so viel war mir bald gewiß, lag in den Bildern vom Reich Gottes und im Bild des Jesus von Nazaret, des Christus, der Schlüssel zu jener Ganzheit des Daseins, die ich suchte.

So ging ich viele Jahre später seinen Spuren nach auf jenem wunderbaren Fleck Erde, in dem er gelebt hat, dem sonnenüberglühten Land am See Gennesaret, und ging ihm so lange nach, bis ich mir wirklich vorstellen konnte, wie er mit der Gruppe seiner Anhänger von Haus zu Haus, von Dorf zu Dorf ging, redend und schweigend, heilend und fordernd, die Menschen suchend mit der ihm eigenen Güte und Klarheit, mit seiner Liebe zu den Menschen und seinem Wissen um ihr Elend zugleich. Ich habe mir auf dem schönsten Berg, den ich finden konnte, dem Arbel, den ich als das Herz von Galiläa empfand, seine Reden vorgelesen, nicht nur die

Bergpredigt, aber sie besonders, und ich meine, ich hätte erst dort den Anfang gemacht, sie wirklich zu begreifen. Ich fuhr mit den Fischern aus Tiberias und Ginosar zum Fischfang aus und suchte ihn zu sehen, wie er vom Boot aus redete oder im Sturm über den See fuhr. Ich ging von Trümmerhaufen zu Trümmerhaufen: Betsaida, Chorazin, Magdala und wie sie alle heißen, und stellte mir die Häuser vor und die Menschen, die Armen und die Reichen, die Gesunden und die Kranken, die Dankbaren und die Widerstrebenden und ihn, Jesus, mitten darin. Mit den Menschen umgehen, wie er, der Meister, mit ihnen umging, das war das Maß, das ich fand. Unter den Menschen aushalten, wie er aushielt, und den Menschen jenes Reich Gottes vor die Augen und vor die Seele stellen, das um sie her war und das auf sie zukam in seinen vielen Gestalten.

Aber Jesus hat – für mich – auch eine zweite Gestalt, und auf ihrer Spur ist, wer durch die Gassen in Jerusalem geht, wer die nächtlichen Ölgärten im Kidrontal aufsucht, den Abendmahlssaal und die Gassen, die zum Ort des Tempels führen und zum Regierungssitz des Pilatus oben am Jaffator, zum Gartentor und zum Hügel Golgota und wieder hinüber zum Ölberg mit dem Ort, an dem man seines Abschieds gedenkt. Wer dort nach seiner Spur sucht, der hört zwar auch, was er geredet hat, was seine Jünger fragten und die Mächtigen ihm vorhielten, er hört aber vor allem die große Stille, das Schweigen, das in diesen Tagen um ihn,

20

Jesus, her war. Und er ist weniger einer, der seine Worte nachspricht, als vielmehr einer, der versucht, ihm nachzugehen. Er wird sich selbst sehen, sich selbst mitbringen, die Dunkelheit, die um ihn ist und in ihm, das Unvermögen, die Schwachheit, die Bruchstückhaftigkeit seines eigenen inneren Menschen, die Lieblosigkeit und die Eigensucht, die so schwer in ihm liegen, und wird sie ihm nachtragen mit der Bitte: Der du die Sünde der Welt getragen hast, nimm mir auch die meine ab.

Den Jesus auf dem Weg durch die Stationen der Leidensstraße empfand ich als den Bruder, mit dem man seine inneren Gespräche führt. Den Stellvertretenden, der uns bittet, nun selbst wieder Stellvertreter zu sein. Stellvertreter für Gott vor den Menschen, Stellvertreter für die Menschen vor Gott, und der so sein Reich gründet in uns, den Menschen, die sich auf ihn verlassen.

Aber Jesus ist ja mehr als der Prediger von Galiläa und der Leidende von Jerusalem. Er ist das Haupt der Welt, sagt das Evangelium, er ist der Ursprung aller Dinge, der Richter, der Herr. Wer ist das nun, der vor dem Goldhintergrund von Ikonen und alten Malereien steht, Geheimnis und verborgene Substanz dessen, was wir die „Kirche" nennen, und Inbild unserer eigenen Seele zugleich? Wer ist dieser Christus, von dem alle jene schwer begreiflichen Titel reden, die ihm die Christenheit von ihren Anfängen an beigelegt hat? Der Sohn, der Gottesknecht, der Sender des Geistes, gegenwärtig in Brot und Wein, gegenwärtig in dem Wort, das von ihm spricht?

Sowenig Christus mit einem einzelnen Bild oder Titel ganz zu bezeichnen ist, sowenig will mir das bis zum heutigen Tag mit dem Reich Gottes gelingen. Spiegelt sich nicht in jedem Wort, mit dem wir Jesus Christus anreden, eine der Gestalten, eine der Farben des Gottesreiches?

Ich mache also einen Versuch.

Vielleicht muß ich mit der Suche nach dem Reich Gottes dort beginnen, wo es mir am nächsten ist und am leichtesten zu erkennen. Denn wenn Gott diese Welt geschaffen hat und erhält, dann ist sie sein „Reich". Dann ist das Reich Gottes in allem, was ist, vom Regenwurm im Acker bis zur letzten Milchstraße. Alles, was ist, ist ja durchwirkt von seinem Geist. Es wächst ohne ihn kein Grashalm auf dieser Erde. Es lebt kein Mensch ohne ihn, und das Reich umfaßt die ganze Schöpfung und schließt auch uns Menschen ein. Alles, was ist, ist „Reich Gottes".

Aber die Welt ist ja größer als der Umkreis unserer Erkenntnis. In und hinter der Welt der sichtbaren Dinge ist wiederum Wirklichkeit, unseren Sinnen abgewandt. Die umgibt und durchdringt die Welt unserer Wahrnehmung, leuchtet durch sie hindurch, und wir ahnen Dimensionen der Wirklichkeit, die wir erst erfahren werden, wenn wir den Schritt über die Schwelle unseres Todes gegangen sind. Und ist diese Wirklichkeit nicht wie ein zartes Gewebe, das sich dem achtsamen Auge durchzeichnet durch die gröbere Struktur der Dinge? Denn es ist viel offener Raum in unserer Welt, und auf das Reich achten heißt gewiß auch, offen zu sein zu allem hin, was an Geheimnisvollem und Wunderbarem begegnen will, ob es sich unserem kleinen Menschenverstand erklärt oder nicht.

Das Reich Gottes wächst aber doch wohl zum dritten auch in uns selbst. In dem Maß, in dem wir Christus Raum geben, entsteht es in uns, nimmt es in uns Gestalt an. „Ich bin das Licht", sagt Christus. „Ihr seid das Licht der Welt", fügt er hinzu. Das bedeutet doch: Ihr seid das Reich Gottes, indem ihr das Licht spiegelt, das aus Gott ist.

Aber weiter: Das Reich Gottes erscheint auch in der Weise, wie wir Menschen miteinander umgehen. Im gemeinsamen Leben unter uns ist entweder Reich Gottes oder Reich des Bösen. Man kann ja nicht vom Reich Gottes reden und das Elend vergessen, das rund um unsere Erde erlitten wird, vergessen auch, was Jesus sagt, dort, wo gelitten werde, leide er selbst, und wo wir helfen und retten, sei er selbst gegenwärtig.

Noch mehr: Jesus sagt: „Wo zwei oder drei versammelt sind in meinem Namen, bin ich mitten unter ihnen." Und das Evangelium fügt hinzu, er selbst sei Haupt und Herz der Gemeinschaft, die ihm auf dieser Erde nachfolge, es gebe also eine konkrete Gestalt des Christus auf dieser Erde, er habe sozusagen einen „Leib". Das sei die Gemeinschaft derer, die ihn kennen, ihn lieben und ihm nachfolgen. Die Gemeinschaft der Heiligen, die Kirche. Dann ist also die Kirche – so mühsam es gelegentlich sein mag, dies festzuhalten – eine der Gestalten des Gottesreiches.

Ein sechstes: Das Reich Gottes wird kommen, sagt Jesus. Es liegt also nicht in der Gegenwart, sondern in der Zukunft. Wenn er, der Christus, kommen wird, wenn die Menschengeschichte zu Ende gegangen sein wird, wird er das Reich aufrichten. Wie das zugehen wird, können wir nicht wissen. Aber das eine gilt: Die Welt, die uns aufnehmen wird, wird wiederum eine Gestalt des Gottesreiches sein.

Und noch eine siebte Gestalt haben wir vor Augen. Von der äußersten Zukunft redet Paulus mit den Worten: Am Ende, wenn die Welt vergangen und der Tod nicht mehr sein wird und kein Leid mehr, dann wird Christus das Reich Gott, dem Vater, zurückgeben, „auf daß Gott alles in allem sei". Da hört die Geschichte auf, da hört die Schöpfung auf, da hört die Zeit auf. Da müssen wir einander nichts mehr erklären und werden erkennen, daß wir es von Anfang an im Grunde immer nur mit Gott zu tun hatten in seinen vielen Gestalten. Auch in Jesus Christus. Und da gehen wir mit Christus zusammen in Gott ein und sind in ihm alles in allem. Gott spricht, und es entsteht eine Welt. Er spricht, und sie vergeht. Er aber bleibt, und wir bleiben in ihm. Das Gottesreich also wird am Ende nichts sein als Gott selbst und das All in ihm.

Wir leben auf dieser Erde in einer Welt von Spiegelungen und von farbigem Abglanz. Wir reden von allem, was wahr ist, in Bildern, die sich zu einem einzigen Bild nicht fügen. So reden wir auch von den vielen Gestalten des Christus und wissen doch, daß er der eine ist. Wir reden von den sieben Farben des Gottesreiches und wissen doch: Es ist das reine Licht.

Wieder sehe ich den großen Ring in seinen sieben Farben vor mir, und mir scheint, wie die Farben des Regenbogens dort beginnen, wo sie uns am nächsten sind, bei dem warmen Rot, und dort enden, wo sie sich von uns entfernen in das geheimnisvolle Violett, so beginnen die Bilder vom Reich Gottes nahe bei uns, unmittelbar sozusagen vor unseren Füßen, und enden in einer Zukunft, von der uns an Zeit und Raum gebundenen Wesen dieser Erde nicht mehr die Spur einer Vorstellung bleibt.

Ist das Gottesreich aber vorstellbar in einem solchen Bild, dann gibt es für die bedrohte Erde und Menschheit eine Rettung, eine Zukunft. Dann ist, was wir mit dem Herzen und mit den Augen des Geistes wahrnehmen, zuverlässiger als alle unsere Berechnungen. Wenn es möglich ist, von dem Ort aus, an dem wir die Ängste dieser Zeit erleiden, den vollen runden Kreis zu sehen, dann eröffnet sich uns auch ein neuer Blick auf die gebrochene, zerrissene Menschenwelt.

Das Spiel mit den sieben Farben ist ein Spiel unserer Phantasie. Aber vielleicht spiegelt sich in den Brechungen unserer Gleichnisse doch etwas von der Wahrheit dessen, was Christus das „Reich" nennt. Spricht nicht der Epheserbrief von der „vielfarbigen Weisheit Gottes", die den Menschen und den Mächten durch uns Menschen offenbart werden solle? Lassen wir uns die unerhörte Vorstellung gefallen und versuchen wir das Spiel mit den sieben Farben des Gottesreiches.

1. KAPITEL

Schöpfung

ROT

Mit der Wärme und der Kraft der Erde beginnt der Farbkreis des Regenbogens.

Rot ist die Farbe der Erde, sagt die Bibel. „Die Rote", die Adama, ist die Erde. „Der Rötliche" ist Adam, der Mensch, der aus Erde Geschaffene. Aber was empfinde ich unmittelbar, wenn ich dieser Farbe begegne?

Ich empfinde Feuer, Brand, Kampf, Leidenschaft, Eroberungswillen, Erregung, Aufruhr, Willen zum Überleben. Ich empfinde den Zorn, der mich erfüllt.

Rot ist die Farbe der Liebe und des schöpferischen Spiels, aber auch der Gegensätzlichkeit aller Kräfte, Ausdruck ihrer Auseinandersetzungen in allen Formen von Sieg und Niederlage.

Rot ist die Farbe des Blutes, der Lebendigkeit, die den Geschöpfen eingestiftet ist, ihrer Vitalität und Sinnlichkeit. Rot ist die Farbe von Liebe und Haß, die Farbe der Leiblichkeit und der mütterlichen Hingabe und Kraft. Es ist am Ende die warme, lebendige Weisheit eines Menschen, der die Erde liebt.

Was ist das – Reich Gottes? Wo ist es? Wie kann man es fassen, greifen, wahrnehmen?

Auf den ersten Blick ist alles einfach. Wenn ich sehe, wie Jesus mit seinen Freunden über die Hügel von Galiläa geht, und wenn ich zuhöre, was er ihnen sagt, dann ist alles schlicht und wahr und wie selbstverständlich. Die Menschen stehen auf der Erde. Die Erde und die Menschen sind umgriffen von der großen und gütigen Nähe Gottes, Gott ist der Vater der Menschen und der Vater der ganzen Kreatur. Das „Reich Gottes" – was sollte es anders sein? – ist eben alles, was er geschaffen hat, alles, was ist und lebt. „Reich Gottes" ist die Welt, die Erde, die Kreatur.

Und so spricht Jesus seine schönen und sehr großen Worte:

„Sorgt nicht um euer Leben,
nicht um Essen und Trinken,
auch nicht um Kleidung für euren Leib.

Gott hat euch das Leben gegeben –
ist es nicht mehr als die Nahrung?
Er hat euch den Leib gegeben –
ist er nicht mehr als die Kleidung?

Seht die Vögel unter dem Himmel an:
Sie säen nicht, sie ernten nicht,
sie sammeln nicht in Scheunen,
und euer himmlischer Vater
ernährt sie doch.

31

Schaut die Lilien auf dem Feld
und ihr Wachstum!
Sie arbeiten nicht,
auch spinnen sie nicht.
Aber selbst Salomo
in all seiner Herrlichkeit
war nicht gekleidet wie ihrer eine."

So kann er zu seinen Freunden im Sturm auf dem See sagen: Warum seid ihr so furchtsam, ihr Anfänger im Glauben? Wer hat denn das Meer und den Sturm, das Leben und den Tod in der Hand?

Es ist, als zeige Jesus den Menschen rings um sie her das Reich Gottes: Ihr habt doch Augen! Schaut hin! An allem, was ist und geschieht, ist es abzulesen. Ihr seht, wie der Himmel abends rot wird, und wißt: Das will mir etwas über den kommenden Tag sagen. Ihr seht, wie der Feigenbaum ausschlägt, und wißt etwas über die Zukunft der Welt.

Mir scheint, für Jesus sei das Reich Gottes so nahe gewesen wie die nächste Blume, der nächste Baum, der nächste Mensch. Für ihn war, ehe er von irgend etwas anderem sprach, das Reich des Vaters so greifbar, so leibhaft und anschaulich wie das Leben selbst. Mir scheint, er habe mit allen seinen Reden zunächst einmal das Dasein selbst gezeigt in seiner Klarheit und Vollkommenheit, als zeigte er seinen Freunden den herrlichen, farbigen Ring, der als ein Symbol des Vollkommenen in den Wolken steht. Die Welt, die farbige, lebendige Schöpfung, ist Gottes Reich. Die Erde ist erfüllt von Gott, und die Erde ist gut.

Eine lange Reihe von Jahren nach jener Zeit, in der Jesus auf den Hügeln von Galiläa zu den Menschen von Gottes Reich gesprochen hatte, schreibt einer der Augen- und Ohrenzeugen einen wunderbaren Hymnus, in dem er schildert, was Jesus denn gemeint habe mit dem Reich Gottes, und wie das zu verstehen sei, daß die Welt, der Kosmos, die Schöpfung ein Werk und ein Spiegel Gottes sei. Er sagt: Ihr müßt, wenn ihr Gott und die Welt zusammenbringen wollt, Jesus Christus anschauen und den weiten und tiefen Hintergrund, vor dem er steht. Denn einfach ist daran nichts. Es ist schwer zu fassen und sehr geheimnisvoll:

„Im Anfang war das Wort,
und das Wort war bei Gott,
und Gott war das Wort.
Am Anfang schon war es bei Gott.

Was aber jemals entstand,
wurde durch das Wort, das Gott sprach.
In ihm war die lebenschaffende Kraft,
und das Leben war das Licht der Menschen.

Das Licht scheint in der Finsternis,
und die Finsternis hat's nicht begriffen.
Er, Christus, war das wahrheitstiftende Licht,

33

das für jeden Menschen leuchtet,
er war in der Welt,
und die Welt ist durch ihn gemacht,
der das Licht ist,
und die Welt erkannte ihn nicht.

Er kam in sein Eigentum,
und die Seinen nahmen ihn nicht auf.
Die ihn aber aufnahmen,
die machte er fähig, Gottes Kinder zu werden,
nicht aus menschlichem Willen,
sondern aus Gottes Kraft.

Und das Wort wurde ein Mensch
und wohnte unter uns,
und wir sahen seine Herrlichkeit,
die Herrlichkeit, die der Sohn hat vom Vater,
voller Gnade und Wahrheit.
Und aus seiner Fülle haben wir alle
Gnade um Gnade empfangen."
Johannes 1,1–5.9–14.16

Das Lied spricht von Gott, von Christus. Es spricht vom Anfang der Dinge und von ihrer Kraft, dazusein, es spricht von Licht und Finsternis und vom Weg Gottes in die Welt der Menschen. Ein Lied dieser Art erklärt man eigentlich nicht. Man singt es. Man spricht es immer wieder und immer aufs neue nach bis zu dem Augenblick, in dem es beginnt, sich zu öffnen.

Johannes sagt etwa so: Du fragst, woher die

Welt kommt? Ich will es dir andeuten: Am Anfang war nicht der Zufall, nicht die blinde Energie. Am Anfang war denkender Geist. Gestaltender Geist. Liebender Geist. Der Geist Gottes.

Am Anfang schuf Gottes Geist Himmel und Erde. Und Gott sprach: Es werde Licht. Und es ward Licht.

Am Anfang sprach Gott ein Wort. Und der Geist Gottes wurde sichtbar in Himmel und Erde, der Geist Gottes wurde faßbar in einer Welt und ihren Gesetzen, er nahm einen Leib an, den der Schönheit und der Lebendigkeit. Er wurde greifbar in den Dingen.

Am Anfang war die schaffende Kraft. Am Anfang war der gestaltende Wille, am Anfang war der klare, lichtvolle Geist. Der begann sich zu spiegeln in einer Welt voll schaffender Kräfte, voll gestaltender Energien, voll klarer und sinnvoller Ordnungen.

Aber das Wort war nicht nur am Anfang. Es ist noch immer die schaffende Kraft. Es ist noch immer das geheime Wesen der Dinge. Es spricht sich noch immer aus auch im nachdenkenden Geist des Menschen.

Am Anfang auch unseres eigenen Lebens war und ist der schaffende Geist Gottes. Auch wir selbst kommen aus seiner Kraft, aus seiner gestaltenden Kunst. Auch der Sinn unseres Daseins ist mit sehr leiser Stimme in unser Schicksal hineingesprochen.

Der Sinn unseres Weges durch dieses seltsame

35

Leben ist noch immer der, die leise Stimme des schaffenden Gottes zu hören und ihr Antwort zu geben, ihr unser Ja zu sagen und die leibhafte Gestalt unseres Lebens als unseren Dank darzubieten.

Denn was am Anfang war, das ist heute und in Ewigkeit: der schaffende und der sprechende Gott. Unser Menschenleben aber ist nichts anderes als die Antwort auf den Sinn, den Gott in dieses unser Dasein gelegt hat.

Und wenn du verstehen willst, warum für Jesus alles so einfach war, dann schau in den tiefen Hintergrund, vor dem er stand, wenn er auf die Dinge dieser Erde deutete und sagte: Dies alles ist das Reich des Vaters.

Aber nun endet plötzlich alles, was einfach schien. Johannes spricht von der „Finsternis". Mitten in der leuchtenden Schönheit der Schöpfung bricht ein Abgrund auf, tief, dunkel und gefährlich. Woher rührt denn in all der Sinnhaftigkeit und Klarheit die tiefe Dunkelheit, die in allem ist? Woher das Unheil? Woher das Böse? Woher die Abgründigkeit, die wir empfinden? Woher das Leid und der Streit und der allgegenwärtige Tod?

„Das Licht scheint in der Finsternis,
und die Finsternis hat's nicht begriffen."

Plötzlich wird die Welt fremd und unvertraut, ein Rätsel in ihrer Brüchigkeit und Gespaltenheit. Ist sie noch Gottes Reich? Und wer bringt oder brachte denn die Finsternis in den Garten Gottes? Gott selbst? Oder ein anderer?

Denn nie hat es menschliches Dasein auf dieser Erde gegeben ohne Tod, Leid und Schuld, nie ein Leben ohne Grauen, Gefahr und Untergang, ohne Feindschaft, Krieg und Drohung. Alles, was wir erfahren, steht vor dunklem Hintergrund, und wenn wir von Gott sprechen, so werden wir immer auch den meinen, der vernichtet, was ist. In alles, was entsteht, ist von allem Anfang auch die Dunkelheit mit hineingeschaffen, und es ist keineswegs die Sünde des Menschen allein, die der Schöpfung das Leid brachte.

Der Prophet Amos gibt sich die Antwort: Gott selbst ist Hintergrund und Urheber des Unheils.

„Geschieht denn ein Unglück in der Stadt,
das nicht Gott selbst bewirkt?
Wenn der Löwe brüllt, –
wer fürchtet sich nicht?
Wenn Gott, der Herr, spricht, –
wer wird da nicht zum Propheten?"
Amos 3,6–8

Und der zweite Jesaja legt Gott das Wort in den Mund:

„Ich schaffe das Licht
und mache die Finsternis.
Ich bewirke das Heil
und schaffe das Unheil."

Jesaja 45,7

Es nützt zur Erklärung nicht viel, wenn wir das Geheimnis der Finsternis anders deuten, wenn wir etwa vom Gegenspieler Gottes reden, von der „Macht der Finsternis" oder vom Satan und seinem Reich. Denn wenn Gott, den Jesus den „Vater" nennt, Ursprung und Urkaft aller Dinge, aller Wesen und Ordnungen ist, ist er dann nicht Ursprung auch des eigenen Widersachers, und liegt der Ursprung der Gespaltenheit der Schöpfung nicht in einem Abgrund in Gott selbst?

Die Menschheit hat – und gerade im christlichen Abendland – immer wieder davon geträumt, der Mensch sei dazu berufen, die Welt in den Garten zurückzuwandeln, als der sie eigentlich gedacht gewesen sei, und er werde das schaffen durch die Kraft seiner Vernunft. Aber auch diese Träume tragen nicht weit. Wie in die Kreatur Heil und Unheil gelegt sind, so liegen im Menschen selbst Licht und Finsternis. Die Geschichte ist ja eine Geschichte nicht nur des Heils, sondern auch des Unheils, und jeder Schritt in der Geschichte der Erkenntnis und des Fortschritts ist begleitet von einem Schritt in der Gegengeschichte des Unheils.

Jesus selbst sagt das mit aller Deutlichkeit: Die Geschichte ist nicht nur eine Geschichte des Heils, sondern vor allem auch ein Drama, in dem das Böse und das Unheil sich steigern bis zum tödlichen Ausgang.

So findet sich in der Bibel immer wieder die Anweisung an einen Menschen, das zu verlassen, was um ihn ist, wenn er das Heil finden wolle. Es findet sich andererseits immer wieder die Anweisung, sich dem, was um ihn her ist, mit Liebe und Sorgfalt zuzuwenden, damit er das Heil finde. Zwei Linien laufen nebeneinander her:

Da ist einmal die Linie jener Geschichten, die von den großen Aussteigern erzählen: von Noach etwa, der alles, was in seiner Zeit üblich war, hinter sich ließ und auf dem trockenen Land das Absurde tat: ein Schiff zu bauen, weil nur durch Aussteigen aus dem Gewohnten Rettung möglich war, weil er nur im Absurden noch Trost fand. Die Geschichte der Aussteiger geht weiter mit Abraham, der sein Land und seine Familie verließ und einsam seinen Weg suchte durch die Wüste in ein Land, das er nicht kannte, weil eine Stimme ihm sagte, außerhalb, dort, wo niemand ging, sei der eigentliche Weg für ihn. Sie geht durch das ganze Alte Testament weiter über viele Einzelgestalten unter Männern und Frauen, und häufig ist gerade das Aussteigen aus der Gemeinschaft der Menschen, aus dem normalen Lebensablauf, aus der Geschichte der Staaten das, was Gott fordert und was der Mensch auf keine Weise verweigern darf, wenn er das Heil finden will.

Aber da ist auch die andere Linie, die von denen erzählt, die das Heil und den Segen Gottes dort fanden, wo das sehr normale Leben mit seinen kleinen Aufgaben vor ihrer Hand lag. Da erzählen die Weisen von den geheimen Gesetzen des Lebens, von den Ordnungen, die nun einmal das Menschenleben einfassen, vom Leben des einzelnen, der sich in der Gemeinschaft anderer vorfindet. Da erzählen Priester von dem Segen, der auf einem Leben liegen kann, das sich in den Rhythmus von Saat und Ernte, Sommer und Winter, Tag und Nacht einfügt.

Die Geschichte der Katastrophen, die nur überlebt, wer aussteigt, ist das eine. Die Geschichte der einfachen, schlichten und stillen Arbeit im Rhythmus des Daseins, des Bleibens und Aushaltens ist das andere. Sie lassen sich kaum verbinden, und nur, wer sehr wach geworden ist, erkennt von Schritt zu Schritt, was nun in diesem Augenblick sein von Gott gewiesener Weg sei.

Sehen wir aber Jesus selbst zu, so finden wir, daß bei ihm die Geschichte des Aussteigens und die Geschichte des gesegneten Bleibens zusammentreffen. Verlaß deinen Beruf und deine Familie, sagt er, und folge mir nach! Und doch bindet er das Heil des Nachfolgenden an die stille, gütige Nähe zu seinem Nachbarn, zu Armen und Geschlagenen und zu jedem, der der bewahrenden Kraft bedarf.

Ein Abgrund zerreißt dieses Dasein. Und doch

erkennen wir in dieser tief zerklüfteten Welt, die wir bewohnen, Gottes Reich.

Aber wir Menschen des 20. und 21. Jahrhunderts sehen nicht nur eine Welt voller Rätsel um uns, wir sehen auch eine bedrohliche Zukunft vor uns – und, was neu ist, diese Zukunft ist bedroht von der Zerstörungskraft, die in der menschlichen Vernunft liegt. Könnte es nicht sein, daß der Mensch, dieses seltsam machtlose und mächtige Wesen, das Ende dieser Erde herauführte? Das Ende jener Gestalt des Gottesreiches, die wir auf unserer Erde bewohnen? Könnte es nicht sein, daß eines Tages weder Saat noch Ernte mehr wären auf einer vergifteten Erde, so daß der lebendige Rhythmus der Schöpfung ermüdete, erlahmte, außer Ordnung geriete? Daß Frost und Hitze, Tag und Nacht über eine leblose Erde hingingen?

Gott hat ja nicht gesagt, die Erde werde ewig bestehen. Sie war von Anfang an ein Geschöpf auf Zeit. Sie hatte ihren Anfang, und sie wird ihr Ende haben. Nur „solange sie steht" – wie die Noachgeschichte sagt – sollen Saat und Ernte, Frost und Hitze, Sommer und Winter, Tag und Nacht währen. Der Mensch aber ist ein Organ im großen Leib der Schöpfung, sein Herz schlägt mit im großen Herzschlag. Sein Atem geht mit in dem langen, geduldigen Atem alles Lebendigen. Seine Kraft erwächst nach Gottes Bestimmung aus der großen gemeinsamen Kraft aller Geschöpfe.

41

All dies ist in Gefahr. Die Erde selbst, die Schöpfung ist in Gefahr nicht dadurch, daß ihre Zeit abgelaufen ist, nicht durch eine uns unbegreifliche zerstörende Macht, sondern durch uns Menschen selbst. Ihr Ende wäre nur abzuwenden durch eine Umkehr im Denken. Wenn die Propheten der Bibel sahen, daß, was unter den Menschen geschah, auf ein Unheil hinauslief, nannten sie immer wieder zuerst das Wort „Umkehr". „Kehrt um", sagten sie, die Mahner von Amos bis hin zu Jesus: Denkt um! Handelt nach anderen Maßstäben! Schlagt eine neue Richtung ein! Tut Dinge, die ihr bisher nicht getan habt! Faßt Gedanken, die euch bisher fremd waren! Stellt euch auf Aufgaben ein, an denen ihr bisher vorbeigelaufen seid! Und wenn man sie fragte: Habt ihr denn noch eine Hoffnung?, dann sagten sie – mit anderen Worten –: Hoffnung gibt es so viel, wie es Zeichen der Umkehr gibt.

Wenn es heute Hoffnung gibt, wenn wir uns heute noch wirklich der Zuversicht hingeben, es werde mit der Geschichte der Menschheit auf dieser Erde ein gutes Ende nehmen, dann gewiß nicht, weil wir glauben, es werde dem erfindenden Verstand der Menschen in der Gefahr immer das Rettende einfallen. Dieser Glaube gehört zu den Einfältigkeiten dieser Zeit. Wenn wir Hoffnung haben, dann deshalb, weil es tatsächlich Zeichen der Umkehr gibt und weil sich heute zwischen vielen Menschen, die zur Umkehr bereit sind, ein unsichtbares Netz bildet.

42

Die einen erklären, nicht mehr ihre Hoffnung auf immer mehr Waffen setzen zu wollen, und so werden sie zu Trägern der Hoffnung. Die anderen suchen nach einem neuen Umgang mit unserer Erde und nach einer Politik der Schonsamkeit und der Sorgfalt, schauen nach Alternativen aus, gehen unbegangene Wege, und so werden sie zu Trägern der Hoffnung. Die dritten rufen nach einer gerechteren Verteilung der Güter auf dieser Erde, auch wenn sie selbst und wir alle dabei diejenigen sein werden, die von ihrem Reichtum abgeben müssen, und so werden sie zu Trägern der Hoffnung. Die vierten sehen, wie die neuzeitliche Naturwissenschaft an ihr Ende kommt, an das Ende ihrer materialistischen Voraussetzungen, und rufen zur Bescheidenheit des forschenden und machenden Menschen, der begreifen muß, daß zwischen Himmel und Erde Kräfte wirksam sind, die er nicht faßt. Und die Zahl derer wächst, die Ehrfurcht lernen vor dem, was sich den Experimenten des Menschen schweigend und leidend entzieht, und so werden sie zu Trägern der Hoffnung.

Was uns Hoffnung geben kann, das ist, daß heute viele, die früher geschwiegen haben, das offene Wort wagen und das öffentliche Auftreten und nicht länger daran glauben, Ruhe sei die erste Bürgerpflicht, wo es doch darum geht, aufzuwachen und umzukehren.

Denn was heute nötig ist, das ist eine Menschheit auf dem Wege zu mehr Nachdenklichkeit, eine Menschheit unterwegs. Unterwegs sein heißt hören und antworten, sehen, was geschieht, bisherige Vorstellungen hinter sich lassen, unbekümmert sagen, was unbequem klingt, tun, was die Mächtigen als Torheit verspotten, das Verschwiegene aussprechen und für die Wahrheit öffentlich einstehen. Die das versuchen, sind heute die Träger der Hoffnung.

Sie sind gemeint, wenn Jesus sagt: Sorgt euch nicht, ihr seid Gott kostbar. Oder wenn er sagt: Was ihr tut, ist wie ein Weizenkorn, das in die Erde fällt und stirbt, damit morgen noch Leben ist.

Wie ein Weizenkorn in die Erde zu fallen und Frucht zu bringen für eine lebendige Zukunft kann zweierlei bedeuten: Es kann ein Aussteigen bedeuten wie das Aussteigen des Noach, einsamen Widerstand gegen herrschende Mächte, herrschende Meinungen, herrschende Interessen. Es kann ein Aussteigen bedeuten, das sich darauf verläßt, daß auch das Wagnis des Widerstehens von Gott gesehen und geschützt ist.

Es kann aber auch ein Bleiben und Beharren bedeuten. Ein neues Achten und Aufmerksamsein auf das feine Gewebe des Daseins, die Lebendigkeit der Schöpfung, die sensiblen Rhythmen, in denen das Leben auf dieser Erde pulsiert, es kann, sehr unpolemisch und vielleicht sehr verborgen, eine Behutsamkeit bedeuten, die das Verletzliche schützt, das Schöne bewahrt, das Zerbrechliche in Händen hält.

Und es kann in beiden Fällen in der Erfolglosigkeit enden, in der Trauer, in der Einsamkeit oder in der Verfolgung. Für alle Erfahrung der Wirklichkeit und alles Tun des Gerechten steht seit Jesus Christus das Kreuz über der Welt.

Auf den Wegen der Umkehr aber eröffnet sich uns auch ein Zugang zur Wirklichkeit, der uns lange verschlossen war und den wir schon bei den Weisen der Bibel finden konnten. Wir suchen nach den Merkmalen des Reiches Gottes und begegnen ihnen, wohin immer wir sehen. Aber was für ein Zugang ist gemeint?

Die Bibel spricht von „Weisheit" als einer der Stimmen Gottes in der Welt. Für die Bibel enthüllt sich in den unendlich verschiedenen Färbungen einer schlichten Lebenserfahrung die Weisheit, die Gott seiner Welt eingestiftet hat. Für sie redete Gott in allen Dingen zu dem, der Ohren hatte, zu hören. Und nie bestand für sie ein Gegensatz zwischen dem Wort, das Gott an die Propheten richtete, und dem Wort, das die Weisen aus den vielfältigen Stimmen der Schöpfung vernahmen. Wessen Reich sollte die Schöpfung auch sein, wenn nicht dessen, der sie schuf und durchwirkt?

„Als er dem Winde das Gewicht bestimmte
und mit dem Maß die Wasser festsetzte,
als er dem Regen sein Gesetz verlieh
und den Weg dem Donnerschall zeigte,

45

da hat er Norm und Gesetz des Seins,
die Weisheit in allen Dingen,
gesehen und gezählt,
festgestellt und erforscht."

Hiob 28,25 ff.

An solchen Worten könnte für uns heute ein
großes Lernen beginnen, ein ganz neuer Anfang in
der Betrachtung und Bewertung der Wirklichkeit.
Wir könnten wieder versuchen, mit dem umzuge-
hen, was wir unmittelbar sehen, hören und erfahren. Wir könnten die Anmaßung ablegen, in der wir
den geschaffenen Wesen und Dingen bislang gegenüberstehen, und wahrnehmen, was die Bibel die
„vielfarbige Weisheit Gottes" nennt. Wir könnten
gerade als die, die Jesus Christus kennen, neu
begreifen, was für ein Netzwerk der Weisheit Gottes
wir meinen, wenn wir „Schöpfung" sagen.

„Ich bin dein Gott", hörte der Fromme des Alten
Testaments. Ich bin nicht irgendeine Macht, ich bin
nicht irgendein Schicksal, sondern dein Gott, dir
gegenüber, dir zugewandt. Ich halte und trage dich,
Mensch. Und so fand er die haltende Kraft seines
Daseins in den zehn Weisungen, in denen sein
Glaube und seine Freiheit zugleich ihren Ausdruck
fanden.

Es ist, als würfe einer einen Stein ins Wasser.
Von diesem Wort her „Ich bin dein Gott" breitet sich
das Nachdenken der Bibel wie in immer neuen

Ringen weiter und weiter aus über die ganze Fläche des menschlichen Daseins.

Die erste Antwort des biblischen Menschen auf die Zuwendung Gottes, auf seine schaffende und schützende Güte, waren Anbetung und Lobgesang, Fest und Feier. Er suchte nach den Zeichen der Weisheit Gottes und gestaltete nach ihnen seine Kunst und seinen Kult.

Von Tempel und Altar, von Gesang und Tanz aus breitete sich seine Antwort nach allen Seiten aus, denn die Weisheit Gottes sollte überall Raum finden, wo die Menschen miteinander lebten. Waisen und Witwen zu schützen, Recht zu sprechen und das Gemeinwesen lebendig zu gestalten, das war den Weisen des Alten Testaments nicht so sehr eine moralische Forderung als zuerst und zunächst eine Wirkung der Weisheit Gottes, die sich bei den Menschen niederließ.

Und weiter: Politische Weisheit begann für die Bibel dort, wo einer die Kräfte verstand, die nach Gottes Willen im Werden, Wirken und Untergehen von Völkern wirksam waren, und wo einer, der die Macht hatte, das dieser Weisheit Angemessene, das heißt das Gerechte, zu tun suchte. Und so heißt es von Salomo, Israel habe erkannt, daß in ihm, dem König, die Weisheit Gottes gewesen sei, Recht zu sprechen.

Brachte aber der Mensch der Bibel die Frucht seines Ackers und seiner Mühe auf den Markt, dann war es ein Zeichen der Weisheit Gottes, daß die

47

Waage und der Kaufpreis einander entsprechen
konnten:

„Rechte Waage und Gewicht sind von Gott",
lesen wir in den Sprüchen,
„und alle Pfundgewichte im Sack
sind sein Werk."

Ähnlich aber ist jede lebendige Ordnung, die
der Mensch in seiner Welt vorfindet, hervorgegan-
gen aus Gottes Weisheit. Wir Menschen machen
Erfahrungen, die Erfahrungen wiederholen, bewähren und befestigen sich, bis deutlich ist: Hier ist ein
Lebensgesetz, das in ein Sprichwort gefaßt werden
kann:

„Wer Pech anfaßt, dem klebt es an der Hand,
und wer mit dem Gottlosen umgeht,
der nimmt seine Art an."
Sirach 13,1

„Es hat alles seine Zeit,
und alles Vornehmen unter dem Himmel
hat seine Stunde."
Prediger 3,1

Die besondere Weisheit des Menschen besteht
darin, solche Erfahrungen ernst zu nehmen, denn
sie machen das Leben verstehbar, und sie sind nicht
„weltlich" und also minderen Ranges, sie sind

Erkenntnisse Gottes und seines Willens. Weil es solche Regeln gibt, hat es Sinn, Erfahrungen zu sammeln, weil es sie gibt, kann der Mensch seinen Schritt überlegt setzen und ihn vor Gott und den Menschen verantworten.

Aber nicht nur die Welt der Menschen hat ihr Gepräge und ihre Lebendigkeit aus der Weisheit Gottes. Wie wunderbar, sagt die Bibel, daß der Regen zu seiner Zeit kommt, daß die Sonne weiß, wo sie untergehen, und der Storch, wann er wiederkommen soll! Daß der Erdboden feststeht, daß das Jahr seine Zeiten hat und Tag und Nacht einander zuverlässig folgen! Wie wunderbar, daß das Wasser seine bestimmte Schwere hat, daß ein See in einer Talsenke bleibt und nicht das Land überschwemmt. Wenn wir aber heute von einem Naturgesetz sprechen, das dies bewirke, so tun wir nichts anderes, als einem Gedanken aus Gottes Weisheit einen physikalischen Namen zu geben. Wir könnten heute im selben Sinne sagen, das periodische System oder die Gesetze der Undurchdringlichkeit, der Kausalität, der Beharrung, der Vererbung oder die Sätze des Pythagoras oder des Euklid seien Ausdruck von Gottes schaffender Weisheit. Was sollten sie sonst sein?

Wir haben die Naturwissenschaft ihrem eigenen Anspruch überlassen; sie wollte „autonom" sein, und wir haben es ihr gestattet. Aber die Gesetze der Natur und die lebendigen Prozesse in ihr

49

sind Ordnungen Gottes, und nichts, was der Mensch dort tut, tut er, ohne Gott und den Menschen Rechenschaft zu schulden für alles, was durch seine Arbeit entsteht oder zugrunde geht.

Wenn wir heute nach einer behutsameren ärztlichen Kunst suchen, dann entdecken wir altes und ältestes Wissen und erkennen, daß wir durchaus wieder anknüpfen können an die Ehrfurcht, mit der der Arzt der alten Welt seinen Beruf begründet sah in den feinen und differenzierten Beziehungen zwischen dem Leib des Menschen und den kosmischen Kräften und Gesetzen, etwa dem Wachstum und der Heilkraft der Pflanze:

„Ehre den Arzt,
denn seine Kunst kommt von Gott,
und die Arznei kommt von dem Höchsten.
Gott läßt die Arznei aus der Erde wachsen...,
und er hat solche Kunst
dem Menschen gegeben,
damit er gepriesen werde
an seinen Wunderwerken." *Sirach 38*

Aber wie viele kluge Frauen wurden jahrhundertelang in Hexenprozessen gefoltert und umgebracht, nur weil sie noch etwas wußten von den Geheimnissen zwischen den Kräutern der Erde und dem Leib und der Seele des Menschen, bis man am Ende behauptete, der menschliche Körper sei nichts als ein technisches Gerät.

50

Denn auch wir selbst sind eine Zelle in Gottes Reich, und wer weise ist, geht behutsam auch mit seinem eigenen Körper um. Die Natur – auch die in uns selbst – hält nicht jede Gedankenlosigkeit aus und nicht jede Gewalttat. Die Ausbeutung der Umwelt, die Verödung der Seele und die Vergiftung des eigenen Körpers offenbaren ein und dieselbe Torheit, würde die Bibel sagen, und eines Tages, wenn die Seele keine Stimme mehr hat, werden die Steine schreien, die Bäume, die Gewässer, die Luft und nicht zuletzt die Organe des menschlichen Leibes. Und sie werden eine christliche Überlieferung anklagen, die gelehrt hatte und weithin noch lehrt, den Körper zu ignorieren, zu verachten und gar mit „frommer" Absicht zu peinigen.

Was wir „organisch" nennen oder „natürlich", nennt der Weise der Bibel „von Gottes Weisheit durchwaltet". Denn ihm war die Natur nicht ein allgemeiner Begriff, sondern der Vordergrund einer im Sichtbaren und Unsichtbaren unendlich weise geordneten Welt. Der Mensch aber soll, eingedenk der Begrenztheit seiner Zeit und seiner Lebenskraft, Gott bitten:

„Lehre uns unsere Tage zählen,
damit wir ein weises Herz einbringen"
Psalm 90

und nun freundlich mit der Schöpfung umgehen, behutsam, von Gottes Weisheit belehrt.

51

Umkehr ist nötig. Als ich als junger Mensch anfing, in Büchern und Hörsälen zu lernen, was christliche Lehre sei, da hörte ich: Gott spricht allein durch Jesus Christus. Er spricht nur durch das Wort der Heiligen Schrift. Er spricht nie und nimmer durch das Medium der geschaffenen Dinge.

Es zittert bis auf unsere Tage durch die christliche Überlieferung eine seltsame Furcht vor einer Sprache Gottes, die sich der Kontrolle durch die Lehre der Kirche entziehen könnte, und vor einer Frömmigkeit, die das Sichtbare, Greifbare und Ahnbare mit Dankbarkeit schauen wollte.

Wie sollte aber der Glaube an Jesus Christus Schaden leiden, wenn ich von der Schöpfung als einem Aspekt des Gottesreiches rede? Das Evangelium sagt: Der Geist Gottes ist es, der dir die Augen öffnet und dein Ohr und dein Herz. Er zeigt dir, wer Jesus Christus ist. Du hörst Christus, du folgst ihm nach. Und auf den Wegen dieser Nachfolge erkennst du den Schöpfer, von dem er gesprochen hat, den Vater alles Lebendigen. Du erkennst das Geheimnis des großen Zusammenhangs, in dem du stehst, und nimmst den Auftrag wahr, der dir gegeben ist: die Schöpfung Gottes zu bauen und zu bewahren.

Eine Umkehr ist nötig. Denn was die Christenheit bis zur Stunde an den Geschöpfen tut, bewirkt mehr den Tod als das Leben. Lange wird die Erde unsere Torheit nicht mehr ertragen. Lange wird das so unendlich fein geknüpfte Netz der Lebensbedingungen nicht mehr halten.

Im Buch der Weisheit Salomos lesen wir:

„Die Weisheit, die von Gott ist,
ist für die Menschen
ein unerschöpflicher Schatz;
die ihn erwarben,
erlangten Gottes Freundschaft.

In seiner Hand sind wir selbst
und unsere Worte,
dazu alle Klugheit
und Kenntnis in mancherlei Fertigkeiten.
Er gab mir sichere Erkenntnis dessen, was ist,
so daß ich den Bau der Welt begreife
und das Wirken der Elemente:
Anfang, Ende und Mitte der Zeiten;
wie die Tage zu- und abnehmen;
wie die Jahreszeiten wechseln
und wie das Jahr umläuft
und wie die Sterne stehen;
die Natur der Tiere
und die Kraft der Raubtiere;
die Macht der Geister
und die Gedanken der Menschen;
die Vielfalt der Pflanzen
und die Kräfte der Wurzeln.
So erkannte ich,
was verborgen und was sichtbar ist;
die Weisheit, die alles kunstvoll gebildet hat,
lehrte mich's.

Denn es wohnt in ihr ein Geist,
der verständig ist,
heilig, einzigartig, vielfältig, fein,
behend, durchdringend, rein,
klar, unversehrt, freundlich, scharfsinnig,
ungehindert, wohltätig, menschenfreundlich,
beständig, gewiß, ohne Sorge;
sie vermag alles, sieht alles
und durchdringt selbst alle Geister,
die verständig, lauter und sehr fein sind.

Denn die Weisheit ist regsamer als alles,
was sich regt,
sie geht und dringt durch alles – so rein ist sie.
Denn sie ist ein Hauch der göttlichen Kraft
und ein reiner Strahl der Herrlichkeit
des Allmächtigen;
darum kann nichts Unreines in sie eindringen.
Denn sie ist ein Abglanz des ewigen Lichts,
ein fleckenloser Spiegel des göttlichen Wirkens
und ein Bild seiner Güte.
Obwohl sie nur eine ist, kann sie doch alles.
Obwohl sie bei sich selbst bleibt,
erneuert sie das All,
und von Geschlecht zu Geschlecht
geht sie in heilige Seelen ein
und macht sie zu Freunden Gottes
und zu Propheten."
Weisheit 7

Wer heute unter Christen so einfach sagte, was das Buch der Weisheit hier sagt, würde vielleicht hören, alle Offenbarung gehe von Christus aus und nicht von der Erkenntnis der geschaffenen Welt. Aber was hier steht, gilt, nachdem Christus zu uns geredet hat, mehr noch als vorher. Es gilt trotz unserer geistlichen Verengungen, es gilt trotz allem, was wir tun. Noch immer ist Christus, auf den wir uns berufen, in allem gegenwärtig als das „früheste unter allen Geschöpfen". Und noch immer ist diese Erde Gottes Reich. Noch steht der farbige Bogen, den Noach sah, als er die Erde nach der großen Flut wieder betrat, als Zeichen für die bewahrende Güte Gottes über der Welt.

Wenn wir aber heute die Schöpfung leiden sehen, dann ist Christus der Leidende in aller Kreatur, in seinen geringsten Schwestern und Brüdern. Wenn ich heute die Eucharistie feiere, Brot und Wein zu mir nehme, die Zeichen der von Gott durchwirkten Erde, dann ist dieser Christus nicht nur der für mich, der das Leiden der Menschen leidet, sondern auch der, in dem das Leiden der Kreatur seine Stimme findet. „Reich Gottes", das ist das Reich des Christus in allen geschaffenen Dingen, in ihrem Leben und in ihrem Tod, in ihrer Schönheit und in ihrem Elend. Ich rede heute gerne wieder von dem, den die Christenheit von jeher den „kosmischen Christus" genannt hat, und vom „kosmischen Reich Gottes". Es ist schon zu lange von ihm geschwiegen worden.

Freilich: Die sichtbare Welt ist nicht die ganze Welt. Das Reich des schaffenden Gottes ist unendlich tiefer und größer, als Sinn und Verstand der Menschen erfassen. Es rundet sich in einer unsichtbaren Welt, die der schauen muß, der die sichtbare begreifen will. Betrachte ich die Schöpfung als eine der besonderen Gestalten des Reiches Gottes, so weist sie über sich hinaus auf ein Reich, das unseren Sinnen verborgen sich hinter ihr andeutet.

2. KAPITEL

Die geistige Welt und der kosmische Christus

ORANGE

Das Rot des Anfangs geht in Glut über. Goldenes Licht bricht ein, Sonnenfeuer, glühender Überfluß. Energie aus dem Feuer. Dynamik empfinde ich, strahlende Kraft.

Die zweite Farbe des Regenbogens kommt nicht von der Erde, sondern sehr weit her. Wo sie aufleuchtet, wird die sichtbare Welt, die Welt der menschlichen Wahrnehmung gleichsam, durchscheinend, und hinter ihr kündigt sich die Weite und Tiefe einer geistigen Welt an. Orange – das ist die einbrechende Flamme, die das Gewesene zu Asche verbrennt und das Bestehende in das Kommende einschmilzt.

Orange, das ist die Farbe der Seraphim, der „brennenden Engel", jener Lichtwesen, die der göttlichen Energie am nächsten sind. Orange – das ist die Farbe, die uns umschmelzen will in Geschöpfe des Feuers.

Alles, was wir sehen, alles, was wir greifen, alles, was unser Dasein im lebendigen Zusammenspiel mit den geschaffenen Dingen hält, ist Reich Gottes. Wessen Reich sollte es sein, wenn nicht dessen, der es durchformt und durchwirkt? Aber wir hören auch eine ganz andere Stimme reden.

Als Jesus in der Nacht vor seinem Tode dem römischen Gouverneur vorgeführt wurde, Pontius Pilatus, da gab es nicht viel, was der Römer mit dem schlichten Mann aus Galiläa hätte bereden können. Es gab auch nicht viel, was er von ihm wußte. Nur dies: Da ist einer, der behauptet, König der Juden zu sein.

So fragt er den Gefangenen, der da im flackernden Licht von Öllampen mitten in der Nacht vor ihm steht: Wer bist du? Bist du der König der Juden? Da hört er eine Antwort, vor der er ratlos bleibt:

„Mein Reich ist nicht von dieser Welt.
Wäre mein Reich von dieser Welt,
meine Diener würden kämpfen,
damit ich den Juden nicht ausgeliefert würde.
Aber mein Reich ist nicht von dieser Welt.

Da fragt ihn Pilatus:
So bist du dennoch ein König?
Jesus antwortet:
Du sagst es. Ich bin ein König.

61

Ich bin geboren und in die Welt gekommen,
um die Wahrheit zu bezeugen.
Wer aus der Wahrheit ist,
der hört meine Stimme.
Da spricht Pilatus: Was ist Wahrheit?"
Johannes 18

„Mein Reich ist nicht von dieser Welt." Nicht aus der Welt der Mächtigen, nicht aus der Welt der Erfolgreichen. Nicht aus der Welt des Unrechts und der Gewalt. Nicht aus der Welt der Paläste und der Todesurteile und der Geißelungen. Überhaupt nicht aus der Welt, in der du, Pilatus, meinst, dich auszukennen.

Woher aber dann? Offenbar aus einer dieser ganzen sichtbaren Wirklichkeit überlegenen, sie umgebenden, tragenden Welt. Aus einer Welt, die Leuten wie Pontius Pilatus unvorstellbar bleibt. Aus einer Welt, in der auch gilt und bleibt, was auf dieser Erde zugrunde geht; aus einer Welt höheren, stärkeren Seins. Aus einer Welt, die jenseits dessen ist, was Menschen sehen, erkennen, bewohnen.

Ist sein Reich aber aus einer anderen, wirklicheren Welt als dieser den Menschen zugänglichen Wirklichkeit, dann braucht Jesus sich diesem ihrem Vertreter gegenüber nicht zu rechtfertigen, nicht zu erklären, er braucht nicht um sein Recht zu streiten, er braucht sich nicht zu retten. Was ist Wahrheit? fragt Pilatus, spöttisch vielleicht, ratlos vielleicht, aber Jesus gibt ihm keine Antwort.

62

Wahrheit ist denen vorbehalten, die wie sein Reich selbst nicht „von dieser Welt" sind, sondern „aus der Wahrheit", wie Jesus auch sagt.

„Ich bin geboren und in die Welt gekommen, weil ich für die Wahrheit zeugen soll." Für das, was dir, Pilatus, verborgen und entzogen ist: jenes Reich, das nicht von dieser Welt ist, aber doch für diese Welt, auf diese Welt zu, auch auf dich, Pilatus. Aber wir hören solche Worte nicht weniger ratlos als der Römer. Woher ist dieses Reich, wenn es nicht von dieser Welt ist?

Aus dem Jenseits? Aber was meinen wir mit diesem Wort? Wir Heutigen, für die das Diesseits, also die Welt, die wir wahrnehmen und bewohnen, die einzige Art Wirklichkeit ist, die wir anerkennen? Wir, die die Welt teilen in eine reale Hälfte und eine unwirkliche, in der nur unsere Wünsche, Träume und Illusionen wohnen, wo die Engel zu Hause sind und die Toten und – falls es ihn gibt – Gott. Aber die Grenze zwischen beiden besteht nur in den Grenzen, die unserer Wahrnehmung gesteckt sind. In Wahrheit gibt es nicht zwei Welten. Es gibt nur eine, und das „Jenseits" ist nur ein Jenseits für unsere Sinne, unseren Verstand.

Die Welt ist ein einziger großer Zusammenhang zwischen Steinen, Pflanzen, Tieren, Menschen und allen den geistigen Wesen und Kräften, von denen wir ahnen, aber nicht wissen können, bis hin zu Gott selbst. Da ist nirgendwo eine Grenze. Die

Grenze liegt in uns. In unserer begrenzten Bereitschaft, uns von dem, was uns fern und fremd ist, anrühren zu lassen.

So beginnt für den einen das Jenseits dort, wo von Gott die Rede ist, und Gott ist jenseits der Grenze. Für den anderen ist Gott nahe, im Raum seiner Empfindungen und Erfahrungen, in der offenen Welt zwischen Jenseits und Diesseits, ihm zugewandt. Soll sich aber mein Diesseits öffnen, dann muß ich bereit sein, etwas zu vernehmen oder zu erfahren, das mir fremd ist, und das Fremde muß sich mir erschließen. Ich kann mir nicht vornehmen, so lange über Gott nachzudenken, bis ich ihn kenne. Ich muß offen für ihn sein, bis er sich mir erkennbar macht.

Niemand aber verfügt über eine Fähigkeit, für die er nicht offen ist. Wir Abendländer haben mit schrecklicher Einseitigkeit unseren Verstand entwickelt, und so leben wir in einer Welt, die aus dem besteht, was ein Verstand erkennt. Alle anderen Fähigkeiten haben wir vernachlässigt. Ganze Bereiche unserer Seele und unseres Geistes haben wir veröden lassen. Ahnung, Intuition, das Hören des Leisen, das Sehen des Verborgenen, das Gespräch mit dem Fremdartigen, vor allem auch: die Ehrfurcht vor dem, was sich uns entzieht.

So sind wir auch fast unempfänglich geworden für die Farbenwelt geistiger Bilder und Symbole, für alle die lebendigen Hinweise auf das, was unserem Verstand unzugänglich ist, und wir müssen

64

erst von allem Anfang her das Auge unserer Seele neu einüben in die Sprache des Lichts und des inneren Sehens. Darum ändert sich das Bild, das wir von unserer Welt haben, je weiter wir auf diesem Weg gehen, es ändert sich auch das Bild, das wir von uns selbst haben oder von Gott. Die Wirklichkeit dehnt sich, sie wird weiter und tiefer, gewinnt an Klarheit und Transparenz.

Es begegnet uns eine Art von Helligkeit. Wir sagen sehr zutreffend: „Es geht uns ein Licht auf." Dieses Lichts aber bedürfen wir, wenn etwas in uns reifen soll. Reife ist das Ergebnis einer Einstrahlung, und sie hängt ab von der Intensität, mit der das Licht eindringt. Unter dem Licht, das uns jeweils an der Grenze unseres bisherigen Diesseits begegnet, reift unter anderem auch unsere Vorstellung von Gott.

Wollen wir Erfahrungen machen, die unsere Welt weiten, dann müssen wir dort nach Licht suchen, wo wir eine Grenze empfinden, und im Licht einer neuen Einsicht muß das Bild sich ändern, das wir bisher von Welt und Gott gehabt haben. Am Ende gehen wir behutsam durch unsere eigenen Bilder und Vorstellungen hindurch, um einer neuen Helligkeit zu begegnen.

Nichts anderes geschieht, wenn wir sterben. Wir lassen uns durch eine Grenze führen, wir erfahren eine neue Helligkeit, eine neue Weise des Lichts, wir schauen ein neues Bild von uns selbst und von Gott. Wir betreten einen Raum, der uns bisher fremd war. Dadurch wird uns etwas „diesseitig" werden, das bislang für uns „jenseitig" war.

Im Tode geschieht nichts anderes, als was auch in diesem Leben bei jeder neuen Erkenntnis geschieht: Die Welt erweitert sich für uns um einen neuen Raum. Das bedeutet nicht, daß sich uns alle Geheimnisse der Welt erschließen, sondern nur, daß uns mehr und anderes zugänglich sein wird als auf dieser Erde. Die Grenze zu unserem Jenseits schiebt sich hinaus. Licht aus einem anderen Raum dringt ein und macht unsere Welt durchscheinend für den Sinn, der unserem Dasein innewohnt.

Wir suchen nach den Farben des Gottesreiches. Und wir fragen, woher das Reich des Christus sei, wenn es nicht „von dieser Welt" sei, aber doch auf diese unsere Welt zukomme, wenn es die Farbe dieser Erde, das warme Rot, mit dem Gold aus Gott durchglüht zu dem starken und andringenden Orange des Regenbogens.

Es wird für uns Menschen des ausgehenden 20. Jahrhunderts immer wichtiger, die Augen zu öffnen und gleichsam durch die Dinge hindurchzusehen, das Licht wahrzunehmen, das in den Dingen zu uns kommt. Die Gegenwart Gottes zu schauen durch die Oberflächen der Dinge hindurch. Allmählich zu begreifen, daß in und hinter unserer sichtbaren Welt eine größere Welt geistiger Kräfte wirkt, die wie unsere Erde Welt Gottes ist, Wirklichkeit aus Gott.

Nach ihr fragen wir, ahnungslos und ungenau und meist ohne Aussicht auf irgendeine Erkenntnis, wenn wir unsere kleine und oft vorwurfsvolle Frage nach dem „Sinn" unseres Lebens stellen. Wenn wir aber ein Gespür dafür haben, woher denn eine Antwort zu erwarten sei, dann suchen wir nach ihr in den Augenblicken, in denen uns etwas „einfällt", in denen etwas auf uns eindringt, das uns befreit und beglückt und bereichert. In denen wir spüren, da sei eine schöpferische Kraft am Werk, die nicht aus uns selbst ist, eine Kraft, verwandt den Kräften, die der Welt insgesamt Stand und Wesen gegeben haben. Wir suchen nach einer Antwort in Augenblicken, in denen wir allein sind und einer Wirkung ausgesetzt, die uns fremd anrührt. Und wir empfinden unmittelbar, um den „Sinn" zu begreifen, sei etwas nötig wie Traum, ein Zustand unseres Bewußtseins, in dem andere Kräfte in unsere Seele hereinwirken als in der Wachheit, es sei vielleicht auch etwas nötig wie „Vision", insofern in der Vision etwas erscheint, das es für unsere leiblichen Augen nicht zu sehen gibt.

Und vielleicht, wenn uns eine Gnade widerfährt, begegnet uns plötzlich und mit großer Klarheit ein Zeichen aus jener „anderen Welt", ein Zeichen von Gott. Wir werden auch dann nichts vorzuweisen haben, mit dem wir die Wahrheit dieser Erfahrung beweisen könnten, aber wir wissen uns verbunden mit allen jenen Menschen um uns her, die das Glück einer solchen Begegnung wie wir empfangen haben. Wer aber irgend etwas dieser Art einmal erfahren hat, der bewegt sich mit großem Vertrauen auch dort, wo das Dasein seine Selbstverständlichkeit verliert, wo Ziele entschwinden, auf die er hingelebt hat.

Er kennt die Frage nach dem Sinn des Lebens, aber er ist nicht gezwungen, sie vorschnell und künstlich zu beantworten. Er weiß, daß diese Frage nur eine Antwort finden wird, wo die Erfahrung des Leids zuvor bestanden wurde, die Erfahrung auch des Bösen in seinen unendlich schillernden Gestalten.

Und er weiß, daß das Reich Gottes „nicht von dieser Welt" ist. Es dringt anderswoher ein. Es „kommt an". Es ist „nahe". Wo es aber „nahe" ist, da geht es auf dieser Erde um die Wahrheit. Da steht Christus vor Pilatus, der wehrlose, der wissende Mensch, und repräsentiert die stärkere Wirklichkeit: das Reich.

Im Brief an die Kolosser lesen wir ein erstaunliches Wort über jenen Christus, der vor Pilatus steht und von ihm zum Tode verurteilt wird, den König, dessen Reich nicht von dieser Welt ist:

„Ich bitte für euch, liebe Freunde in Kolossä.
Ich wünsche euch Weisheit und Einsicht,
damit ihr im Einvernehmen bleibt mit Gott,
in allem, was ihr tut,
und eure Bemühungen Frucht bringen.

Ihr braucht nicht stehenzubleiben
bei dem, was ihr verstanden habt.
Ihr könnt tiefer eindringen
in das Geheimnis Gottes ...

Denn er hat uns dazu bestimmt.
im Licht zu sein
und aus den Schatten herauszutreten.

Er, Christus, hat uns freigemacht dadurch,
daß er für uns starb ...

Er ist das Bild Gottes,
und wir sind geprägt nach seinem Bild.
Er ist das Grundmuster,
das der Welt zugrunde liegt.
In ihm liegt das Geheimnis der Schöpfung.
Alles entstand aus seinem Geist,
was im Himmel und auf Erden ist,
die Welten der Sterne
und unsere kleine irdische Welt,
das Sichtbare und das Unsichtbare,
auch alle Mächte und Kräfte der Natur,
alle Stoffe und Elemente,
alle Ordnungen und Gesetze.
Es entstand alles aus seiner Kraft
und ist alles auf seine Gestalt hin entworfen.

Er steht am Anfang von allem,
und alles hat sein Ziel in ihm.
Es versinkt alles ins Nichts,
wenn er seine Hand zurückzieht.

Er ist das Herz der Welt.
Setzt es aus, so stirbt die Welt.
Durch ihn findet das All zurück in Gott.
Was im Himmel und auf Erden ist,
findet den Frieden, den Frieden mit Gott
und den Frieden mit allen Geschöpfen.

Er ist aber auch der Anfang
unserer eigenen Zuversicht.
Denn er ist auch das Herz seines Leibes,
nämlich seiner Gemeinde.
Als erster überwand er den Tod,
und er wird nun uns alle mit sich führen
in das Leben bei Gott.

Denn das wollte Gott:
In ihm sollte die ganze Fülle
göttlicher Schöpferkraft und Weisheit wohnen.
Aller Streit, unter dem die Welt leidet,
aller Streit zwischen Mächten und Gewalten,
zwischen Licht und Finsternis,
der Streit zwischen den Menschen
und der Streit auch zwischen den Menschen
und Gott
sollte durch ihn beendet werden
und die widerstreitenden Kräfte versöhnt
und Frieden entstehen
auf der Erde wie im Himmel.
Dafür ist er am Kreuz gestorben.
Und auch ihr, meine Freunde in Kolossä,
habt nun festen Grund unter den Füßen.

Ihr seid durch ihn geschaffen,
und durch ihn habt ihr Frieden mit Gott.
Ihr lebt auf jene große Zukunft zu,
die das Evangelium vor unseren Augen eröffnet.

Ihr lebt in Christus.
Ihr seid frei durch Christus.
Ihr wandelt euch auf seine Gestalt hin,
und er ist das Ziel eures Daseins."
Kolosser 1

Wer sagt das? Und wem spricht er diese unge-
heuerlichen Worte zu? Wir vermuten heute, daß
Paulus, der im Neuen Testament als der Verfasser
des Briefs an die Kolosser genannt wird, damals in
Ephesus im Gefängnis lebte. Da dürfte aus dem
kleinen Landstädtchen Kolossä im Inneren der heutigen Türkei ein Brief eingetroffen sein, und Paulus
gab einem seiner Mitarbeiter den Auftrag, in seinem Namen zu antworten. So erklärt es sich, daß
der Sprachstil hier ein wenig anders ist als sonst bei
Paulus und doch die Gedanken sein Gepräge tragen.
Wir müssen vermuten, daß diese Gemeinde von
schweren Zweifeln beherrscht war, und es scheint
nötig gewesen zu sein, ihr beizustehen. Irgendeine
Angst taucht immer wieder am Rand der Sätze auf,
irgendeine Vision von Unheil. Und man weiß aus
zeitgenössischen Quellen, daß die Menschen jener
Zeit und Region ihre Epoche als die letzte Stunde
vor einer ungeheuren Katastrophe empfanden.

Ihnen schien, so verstehen wir sie heute, die Entwicklung der Zeit auf einen Krieg aller gegen alle zuzulaufen, nicht nur der Militärblöcke im damaligen Westen und Osten, nicht nur der Menschen. Gefährliche geistige Kräfte prallten aufeinander in jener Zeit des religiösen und des politischen Umbruchs. Im geistigen Hintergrund des Daseins war gleichsam die Hölle los.

Daß die Götter im Himmel gegeneinander kämpften, das war den Menschen der alten Welt vertraut. Das mußten sie hinnehmen, auch wenn sie darunter zu leiden hatten. Jetzt aber sprang für sie das Dasein als Ganzes aus seiner Ordnung. Mächte der Zerstörung brachen für sie unkontrollierbar aus dem Rahmen, der sie gebändigt hatte. „Die Elemente der Welt liegen im Streit", sagten sie. Die Grundbedingungen lösen sich auf. Der Boden, auf dem wir stehen, sinkt ein. Oder wie immer die Bilder gemalt werden: Der Himmel geht in Flammen auf. Die Sterne stürzen. Die Flut steigt. Feuer bricht aus wie aus den Schloten von Vulkanen.

Sie sprachen in ihren so ganz anderen Worten von einem Ende, wie es vielen von uns vor Augen steht, wenn wir sagen: Irgendwann kommt der große Krieg, der Weltbrand. Die Zerstörung der Erde ist nicht aufzuhalten. Die Völker werden am Hunger zugrunde gehen oder am Kälteschock nach einem Atomschlag. Und sie empfanden ähnlich wie wir empfinden: Es sind nicht eigentlich einige bestimmte Menschen, die das Unheil verschulden. Es steht mehr dahinter. Es ist wie ein Fluch, der nun, nach einer langen Zeit der Vorbereitung, seine volle, zerstörende Kraft sammelt.

Die Leute in Kolossä hatten andere Vorstellungen vom Ende der Dinge, als wir sie heute haben. Aber sie fragten wie wir, woher denn angesichts einer drohenden Zukunft Hoffnung komme. Die Hoffnung, daß die Welt erhalten bleibe, oder auch die Hoffnung, nach dem Ende der Welt in einem großen Neuanfang noch einmal beginnen zu dürfen. Hoffnung jedenfalls, sich aus dem Zugriff überwältigend starker Mächte lösen zu können.

Das erste, was Paulus nun diesen Menschen sagt, ist: Hebt eure Köpfe! Schaut über eure Ängste hinaus! Es geht nicht um euch persönlich. Es geht um die Menschheit, um die Erde, um die Schöpfung. Wenn ihr nach dem Sinn fragt, der in eurem Schicksal liegen mag, dann seht zu, daß ihr das Ganze zu sehen bekommt, das Reich Gottes in dieser Welt und jenseits dieser Welt.

Er verweist die Leser in Kolossä auf die einfache, wehrlose Gestalt des Jesus von Nazaret: Seht ihn an, den von Menschen gequälten, den sterbenden Jesus! Nicht ihr allein seid ohnmächtig. Er ist es auch gewesen. Und wenn wir auf eine rettende Macht hoffen, dann wird das gewiß eine andere Art Macht sein als die des römischen Gouverneurs. Es wird eine Macht sein ohne Gewalt. Die Macht, die in Gottes Reich verborgen ist.

Wir vermuten, daß die Sätze, in denen Paulus von dem großen, kosmischen Christus spricht, Zitate sind aus einem Lied, das er der Gemeinde in Kolossä in Erinnerung rufen wollte. Wenn wir versuchen, es hinter den Worten des Briefs wieder zu finden, dann mag es so gelautet haben:

„Wir rühmen dich, Christus.
Du Bild des unsichtbaren Gottes,
du Frühester unter allen Geschöpfen;
durch dich ist alles geschaffen
im Himmel und auf der Erde,
was sichtbar ist und was unsichtbar,
es ist alles durch dich und auf dich hin.

Du bist vor allem,
und alles hat seinen Bestand in dir,
du Erster, der von den Toten auferstand.
Du bist das Haupt aller Dinge,
und alle Fülle Gottes wohnt in dir."

„Er ist das Bild Gottes", sagt Paulus, und meint, wenn wir seinen Worten behutsam nachgehen, etwa folgendes:

Christus ist das Grundmuster, das der Welt zugrunde liegt. In ihm liegt das Geheimnis der Schöpfung. Alles entstand aus seinem Geist, was im Himmel und auf Erden ist, die Welten der Sterne und unsere kleine irdische Welt, das Sichtbare und

74

das Unsichtbare, auch alle Mächte und Kräfte der Natur, alle Stoffe und Elemente, alle Ordnungen und Gesetze. Es entstand alles aus seiner Kraft und ist alles auf seine Gestalt hin entworfen.

Er steht am Anfang von allem, und alles hat sein Ziel in ihm. Es versinkt alles ins Nichts, wenn er seine Hand zurückzieht. Er ist das Herz der Welt. Setzt dieses Herz aus, so stirbt sie. Durch ihn findet das All zurück in Gott. Was im Himmel und auf Erden ist, findet den Frieden, den Frieden mit Gott und den Frieden mit allen Geschöpfen.

Denn das wollte Gott: In Christus sollte die ganze Fülle göttlicher Schöpferkraft und Weisheit wohnen. Aller Streit, unter dem die Welt leidet, aller Streit zwischen Mächten und Gewalten, zwischen Licht und Finsternis, der Streit zwischen den Menschen und der Streit auch zwischen den Menschen und Gott sollte durch ihn beendet werden und Frieden entstehen auf der Erde wie im Himmel.

Es ist, als schriebe Paulus: Singt doch miteinander das Lied von dem großen Christus, das ihr kennt! Singt euch euer Elend vom Herzen! Und ich denke mir, daß die geheimnisvollen Worte und ihre Kraft die Leute in Kolossä angerührt haben. Sie sangen ein Lied gegen die Mächte der Zerstörung. Statt ihrer wußten sie sich von einer Macht anderer Art getragen und gehalten.

Wenn die schwarzen Sklaven in den Südstaaten der USA an ihrem Schicksal verzweifeln wollten, dann sang ihnen irgendeine Stimme aus den Ihren ein geistliches Lied, das etwa lautete: „He's got the whole world in his hand." Er hat die ganze Welt in seiner Hand. Die Mächtigen und die Ohnmächtigen, die Starken und die Schwachen, die Erwachsenen und die Kinder, er hat die ganze Welt in seiner Hand. Und so standen sie wieder auf festem Boden.

Paulus redet in einer sehr fremden, einer im Grunde mystischen Sprache. Aber Mystik ist nicht, wie es häufig erscheinen mag, ein Bildungsvergnügen oder religiöser Luxus saturierter Bürger. Mystik geht immer hervor aus einer Bedrängnis, und die Sprache der Mystik ist die Sprache der Bedrängten. Aber sie wendet den Blick des bedrängten Menschen eben über den Rahmen seines kleinen Daseins und zeigt ihm das Ganze.

So beginnt unser Lied mit einer Strophe über die Schöpfung der Welt und ihren Bauplan. Es sagt: Jesus Christus, der Mensch, gehört nicht allein auf die Seite der Menschheit, er gehört in erster Linie auf die Seite Gottes den Menschen gegenüber. Er gehört auf die Seite Gottes auch, wenn es um die Schöpfung geht. Was Christus uns gesagt hat über Gott und die Welt, das gilt nicht erst heute und nicht erst seit 2000 Jahren, das gilt von allem Anfang an. Aus Gottes Geist und Wort ging der Kosmos hervor, seine Struktur und seine Wachstumskraft; Geist und Wort Gottes aber begegnen uns in Christus.

Gott aber schuf nicht eine Welt, die nun auf

sich selbst gestellt wäre. Er behält eine stete und dichte Verbindung mit ihr. Er baut, indem er eine Welt baut, auch sozusagen eine Brücke zu seinem Geschöpf. Auf der Brücke aber begegnet dem Geschöpf der Mittler, der Bote, der Beauftragte: Christus.

Und wenn Gott der Welt ein Ziel gesteckt hat, dann ist es das Ziel, das uns Jesus Christus beschreibt: die Vollendung im Reich Gottes und die Vollendung der Freiheit der Geschöpfe. An Jesus Christus lesen wir ab, wohin der Pfeil der Weltgeschichte fliegen soll und wie weit er trägt.

Das Lied malt das Bild, Christus sei etwas wie das „Haupt" der Welt, die Welt also sei sein Leib. Es könnte die Vorstellung wecken, es handle sich zwischen ihm und der Welt um eine Art Machtverhältnis. Es gehe in erster Linie um Herrschaft oder gar um eine Art kosmischer Auseinandersetzung zwischen ihm und allen jenen Mächten, die sich seiner Herrschaft nicht fügen. Aber nicht das meint Paulus, daß Christus gleichsam als der Heerführer der einen Partei eine andere, gegnerische bekämpfe, sondern daß er, wie Paulus ausdrücklich sagt, sie miteinander und mit Gott versöhne. Wenn wir mit Christus verbunden sind, so sind wir es durch unseren Glauben, unsere Liebe und unsere Hingabe, wir sind es dadurch, daß wir seinen Weg als den unseren erkennen und ihn mitzugehen suchen. Ich möchte darum dem Bild vom „Haupt" mein Empfinden entgegenhalten und sagen: Christus ist für mich nicht so sehr das Haupt, als vielmehr das „Herz" aller Dinge. Dieses Herz durchwirkt die Welt als ihre lebendige Energie, und aus seiner Kraft können die Organe, die Kräfte, die Wesen miteinander und füreinander wirken.

Von Jesus Christus ist die Rede, aber seine Gestalt ist ins Ungeheure gewachsen, über den Rahmen der Zeit hinaus in den ersten Anfang und in die letzte Zukunft. Über den Rahmen des Raums hinaus in die Unabsehbarkeit des Alls. Über die begrenzte Wirkkraft des geschichtlichen Jesus hinaus zu einer alles Geschehen durchwirkenden Energie. Was in einzelnen Farben in dieser Welt unser Auge treffen mag, findet sich zusammen zu dem einen Urlicht der Schöpfung.

Alles Geschehen ist geprägt durch ihn – sagt der Kolosserbrief und wie er auch der Brief an die Epheser – von der unendlich differenzierten Lebendigkeit der kleinsten Lebewesen und den Schicksalen einzelner Geschöpfe, den Schicksalen der Menschen auch bis in ihre feinsten Beziehungen, bis zu den Verbindungen hin, die zwischen unserer sichtbaren Welt und der Welt des Geistes bestehen. Alles ist gefügt und mit Sinn erfüllt durch die Gegenwart des Christus, in dem die Liebe Gottes alles, was ist, durchdringt und umfaßt. Es gibt für ihn kein Maß. Er selbst ist das Maß, auch das Maß unseres Denkens, das so große Mühe hat, ihm in solche Räume und Dimensionen zu folgen.

Wir tun gut daran, nicht rasch über den Anspruch solcher Worte hinwegzugehen als über eine Maßlosigkeit hymnischer Rede. Was ist das doch für ein Gedanke! Und wenn er uns maßlos erscheinen mag – vielleicht liegt es an uns, deren Maß zu kurz ist für die Wirklichkeit. Denn Voraussetzung für all dies ist ja die Vorstellung, daß unsere sichtbare Welt nur ein schmaler Vordergrund sei, für uns geringe Wesen in einem Winkel des Weltalls noch eben mit Mühe zu überschauen. Hinter allem und in allem aber seien unendliche Wirklichkeiten, die ganz anderen Dimensionen angehören als die wir bewohnen. Von dieser in viele Unendlichkeiten hinausreichenden Wirklichkeit, die wiederum „Reich Gottes" sei, wirken Kräfte der Lebendigkeit und Kräfte der Erkenntnis auf unsere kleine Erde ein, als ihr Bote und Zeuge aber begegnet uns Jesus Christus. Er steht gleichsam an der Stelle, an der der Blick hinausgeht, um all dem zu begegnen, was aus dem größeren Gottesreich auf uns eindringt. „Ich bin die Tür", sagt er. Ich bin die offene Stelle in den Wänden eurer Welt, durch die das Licht zu euch kommt und durch die ihr gehen müßt, wollt ihr Bürger jener größeren Wirklichkeit werden. „Jesus Christus", das ist für die Gemeinde der ersten Zeit der Repräsentant Gottes nicht nur, sondern auch eines Gottesreiches, das jenseits aller menschlichen Vernunft ist. Jesus Christus, das ist Herz und Haupt der Welt.

Für uns Christen, die doch bekennen, daß Gott die Welt geschaffen habe, ist diese Erde oft genug ohne jeden Zusammenhang mit Christus gedacht worden, ohne den Christus, der auf diese Erde zukommt. So konnten wir Christus verehren und zugleich die Erde verwahrlosen lassen, sie zerstören und ausbeuten. Aber dies beides, was Christus uns ist und was mit unserer Erde geschehen soll, rückt für den Kolosserbrief endgültig ineinander.

Für uns kann es keinen Christusglauben mehr geben, der nicht bekennt, dieser Christus sei in allen Dingen. Und wenn wir den leidenden Christus meinen, so sei er der Leidende in aller Kreatur. Und wenn wir den auferstandenen meinen, so sei er der Auferstandene in aller Kreatur.

Wir verstehen, was Gott in der Schöpfung ist und tut, erst im Gegenüber zu Christus. Wenn Gott nicht das Gesicht Christi trägt, erkennen wir Gott nicht in seiner Welt. Denn wir erkennen Gott nur dort, wo er sich uns zuwendet, und also nur in der liebenden Zuwendung Christi. Die Welt verstehen wir als eine sinnvolle Einrichtung nur vom liebenden Willen und Plan Gottes her. Und so wird uns Christus zum Sinnzeichen überhaupt, zu der Gestalt, in der das Dasein seinen Zusammenhang offenbart.

Auf diesem Wege geschieht es, daß der Raum unserer Welterfahrung sich dehnt und sich uns eine neue Zone der Wirklichkeit offenbart, aber es geschieht zugleich das andere, daß sich uns das Bild, das wir uns von Gott machen, verändert. Vielleicht werden unsere Bilder von Gott im Laufe unseres Lebens nicht genauer – nur in Kinderbüchern ist die Welt mit klaren Konturen gezeichnet –, aber sie werden leuchtender, tiefer, stärker. Die Farben der Erde gewinnen den Glanz eines Lichts, das nicht von dieser Erde ist. Das Rot glüht auf zu goldenem Orange.

Der Sinn der Bilder in unserer Sprache ist der, daß sie unsere sichtbare Welt durchscheinend machen auf jenes Gottesreich hin, das unseren Augen verborgen ist. Nirgends ist eine Grenze, die wir nicht zu überschreiten bestimmt wären, nirgends ein Abgrund, in den zu stürzen wir fürchten müßten. Wo aber das Unendliche ins Spiel kommt, findet das Endliche seinen Sinn.

Wir sind Zellen in einem unendlichen Organismus, dessen Herz Christus heißt. Wir sind ein Kosmos im kleinen, aber ein Kosmos, und unsere Mitwirkung im großen Organismus des Gottesreiches ist unentbehrlich.

Freilich: Wir schweben darum noch lange nicht auf goldenen Wolken. Wir stehen auf dieser Erde. Diese Erde ist zerstörbar. Wir Menschen können zugrunde gehen. Diese Erde weiß noch immer mehr von Elend und Unheil zu erzählen als von einer goldenen Zukunft. Und Christus ist zunächst immer der Bruder der Elenden, der Miserablen. Wo meine geringsten Brüder sind, sagt er, da bin ich.

81

Und wenn ihr euch, so höre ich ihn, mit mir identifizieren wollt, dann auf diesem Wege.

Vergessen wir nicht: Das Lied aus dem Kolosserbrief ist ein Lied aus der Tiefe. Ein Lied aus der Angst, und nicht nur aus der Angst von ein paar Menschen um ihr Leben, sondern der Angst um das Dasein überhaupt. Ist denn nun die Erde des Teufels – oder ist sie des Herrn?

Indem aber die Menschen in jener abgelegenen Stadt in Kleinasien erfahren, daß sie selbst nicht verloren sind, sondern eingefaßt in die Liebe des Christus, finden sie den Mut, eben dies auch vor dieser ganzen Erde zu bekennen, jener Erde, auf der sie selbst sich zusammenfinden mit den Leidenden unter den Menschen und in aller Kreatur, wann immer sie auf der Suche nach Christus sind. Und so werden sie selbst zu Instrumenten der Erlösung und zu Bürgern des unendlichen Gottesreiches.

3. KAPITEL

Das innere Reich Gottes

GELB

Ich empfinde die Farbe Gelb: Heiterkeit und Helligkeit begegnen mir, das Licht des Morgens, die strahlende Bejahung des Lebens. Ich sehe das Sonnenlicht, wie es sich aus der Röte des Aufgangs in den Tag hinein erhebt. Ich empfinde die Erschaffung des Lichtes.

Gelb ist aber auch die Helligkeit, die in meiner eigenen Seele aufbricht. Es ist die Farbe des neuen Menschen in mir, des göttlichen Kindes. Es ist die Farbe der Erleuchtung und des Geistes. Golden schimmert die Aura hinter dem Erleuchteten und der Nimbus hinter dem Haupt des Heiligen.

Golden, das Braun der Erde spiegelnd, schimmert das reife Erntefeld. Gelb oder Gold – das leuchtende Metall – weckt in mir eine Empfindung von Fülle, von Reichtum, von Vollendung, von meiner eigenen, vollkommenen Zielgestalt.

Gelb ist die Befreiung zum Licht, die heilige Farbe der göttlichen Offenbarung. In Gold strahlt der Auferstandene, der dem von Dunkelheit befangenen Menschen in der Morgenfrühe des Ostertages begegnet.

Das Reich Gottes in seinen unendlichen Dimensionen ist sehr groß und sehr fern. Was wird denn nun aus uns kleinen Menschen, die so abseits von aller Herrlichkeit auf dieser Erde ihr bedrohtes Leben führen?

Als Jesus sich von seinen Freunden verabschiedete, wenige Tage vor seinem Tode, da fragten sie ihn: Wenn du jetzt weggehst in das Reich deines Vaters – was wird dann aus uns? Wo ist dann für uns das Reich Gottes? Wo bist du? Und wo können wir bleiben? Nachdem sie durch eine Reihe von Jahren von dem Reich gehört hatten, das „nahe" ist, rückt es nun für sie in immer weitere Ferne, und sie selbst finden sich allein.

Wir Heutigen, für die Jesus um eine geschichtliche Zeitspanne von 2000 Jahren entfernt ist und um die Fremdheit einer entlegenen Kultur, fragen ähnlich: Wo ist denn nun Jesus? Das Glaubensbekenntnis sagt: Zur Rechten Gottes. Aber wo in aller Welt ist denn die „Rechte Gottes"? Ist sie in dem, was die Kirche tut oder sagt? Das möchte man glauben und findet doch immer wieder nur eben eine Kirche. Ist sie in uns selbst? Ist das nicht zu viel gedacht über uns Christen? Und sein Reich? Wo ist es?

„Wir wissen nicht, wohin du gehst", klagen die Jünger an jenem Abend. „Wir wissen auch nicht, wie wir dorthin kommen sollen."

„Euer Herz erschrecke nicht,
gibt ihnen Jesus zur Antwort.
Glaubt an Gott, und glaubt an mich.
Im Haus meines Vaters
sind viele Wohnungen...
Und ihr wißt den Weg, den ich gehe.
Da antwortet Thomas:
Herr, wir wissen nicht, wohin du gehst.
Wie sollten wir den Weg wissen?
Jesus spricht zu ihm:
Ich bin der Weg und die Wahrheit
und das Leben.
Niemand kommt zum Vater
denn durch mich...

Ich will den Vater bitten,
und er wird euch einen anderen Beistand senden,
der für alle Zeit und Ewigkeit
bei euch sein wird:
den Geist der Wahrheit.
Ihr kennt ihn,
denn er bleibt bei euch und wird in euch sein...

An jenem Tage werdet ihr erkennen,
daß ich in meinem Vater bin
und ihr in mir und ich in euch...

Wer mich liebt, den wird mein Vater lieben,
und wir werden zu ihm kommen
und Wohnung bei ihm nehmen."
Johannes 14

Was Jesus seinen Jüngern sagt, ist etwas atemberaubend Großes: Das Reich ist nicht nur um euch her. Es ist nicht nur in der weiten Ferne, in die ich nun weggehe. Ihr selbst seid es. Ihr selbst seid nicht weniger als „das Reich". Das Reich ist, wo Gott ist. Es ist, wo ich bin. Nun aber, von dem Tage an, da ich auferstehen werde vom Tod und zum Vater heimkehren, wird Gott in euch „Wohnung nehmen", und ich selbst werde Wohnung nehmen in euch. Ihr selbst also seid das „Reich des Vaters", mein „Reich".

Aber Jesus spricht von diesem Reich Gottes, das wir selbst sind oder, anders gesprochen, das in uns ist, auch schon zu einem früheren Zeitpunkt. Es gibt ein Wort von ihm, das in der christlichen Geschichte viel umstritten wurde und das für unseren Zusammenhang entscheidend wichtig ist:

„Als er aber von den Pharisäern gefragt wurde:
Wann kommt das Reich Gottes?
Da antwortete er ihnen:
Das Reich Gottes kommt nicht so,
daß ihr es sehen könntet,
man wird nicht sagen: Hier ist es – oder: dort!
Denn das Reich Gottes ist innen in euch."
Lukas 17,20f.

Man hat immer wieder versucht, diesem Wort seinen mystischen Klang zu nehmen, indem man übersetzt hat: Das Reich Gottes ist „zwischen" euch so, wie ich, Jesus, zwischen euch stehe, oder indem man übersetzte: Es ist plötzlich da. Mit einem Schlag, in eurer nächsten Nähe. Aber das erscheint künstlich. Jesus sprach deutlich von einer Gestalt des Gottesreiches, die in uns einzelnen Menschen entstehen soll.

Er sah den Menschen als einen Raum an, in dem entweder der Geist Gottes oder der Satan wohne. Als er einmal einen Dämon aus einem Menschen ausgetrieben hatte, sprach er davon: „Wenn ich die dämonischen Mächte durch den Geist Gottes aus den Menschen austreibe, so ist das Reich Gottes zu euch gekommen." Und er spricht von der Gefahr, daß der ausgetriebene Dämon außerhalb des Menschen keine Ruhe finde, zurückkehre in sein früheres Haus und es leer, gekehrt und geschmückt wiederfinde. „So geht er hin und nimmt zu sich sieben andere Geister, die schlimmer sind als er selbst; und wenn sie hineinkommen, wohnen sie darin, und es wird mit dem Menschen hernach ärger, denn es zuvor war."

Jesus sieht den Menschen als Ort des Reiches des Satans oder als Ort des Reiches Gottes, als Wohnung des Bösen oder des göttlichen Geistes. Und Paulus nimmt diesen Gedanken auf, wenn er sagt:

„Ich lebe. Aber nicht ich lebe,
sondern Christus lebt in mir." *Galater 2,20*

90

Er sagt auch, der Geist des Christus „wohne" in uns *(Römer 8,11)*. Und es gehört dabei zu den uralten Paradoxien des christlichen Glaubens, daß wir ebenso klar sagen können, wir seien „in Gott", wie auch das andere, Gott sei „in uns". Auch Jesus sagt ja: „An jenem Tage werdet ihr erkennen, daß ich in meinem Vater bin und ihr in mir und ich in euch."

So sprachen die Mystiker in den langen Jahrhunderten der christlichen Geschichte immer wieder von dem „Christus" in ihnen selbst. Von der Fülle Gottes in ihnen. Vom inneren Licht. Oder auch vom göttlichen Kind in ihrer Seele, von der Braut in ihnen, die ihrem Bräutigam entgegengehe, oder vom inneren Gottesreich.

Immer wieder aber regte sich auch Widerspruch gegen eine solche Bildsprache: Wird hier nicht der unendliche Abstand zwischen dem heiligen Gott und dem unheiligen Menschen aufgehoben? Und immer wieder hob man ganz andere Gleichnisse und Bildreden hervor, die das Evangelium ja auch hat und die mit ganz anderen Mitteln deuten, was denn Christus an den Menschen bewirke. So ergeben sich zwischen den Kirchen, etwa den orthodoxen, den katholischen und den protestantischen, tiefgehende Differenzen einfach dadurch, daß es je andere Aussagen desselben Evangeliums sind, die sie sich angeeignet haben und nun in die Mitte ihres Nachdenkens rücken und in die Mitte ihres geistlichen Lebens.

Das Evangelium sagt zum Beispiel: Was Christus an dir, du Mensch, bewirkt, das ist, daß er Frieden bringt in deine Beziehung zu Gott. Gott beendet den Streit. Er vergibt dir deine Schuld und sieht dich als gerecht an. Er rechnet dir die Gerechtigkeit des Christus zu. Lebe nun so, wie es diesem neugewonnenen Frieden und deiner neuen Gerechtigkeit entspricht.

Es sagt aber auch etwas ganz anderes, und das läßt sich mit dem vorigen nicht leicht verbinden: Nun soll sich nicht nur deine Beziehung zu Gott ändern, in dir selbst soll etwas Neues entstehen. Gott sendet seinen Geist. Du, Mensch, nimmst ihn auf. Der Geist, der die Welt schuf, verbindet dich mit den Ursprungskräften der Schöpfung, und es entsteht etwas in dir, wie in einer Frau ein Kind entsteht. Was da entsteht, bist du selbst, und es ist doch ein ganz neues Geschöpf: Es ist der Christus in dir.

Dagegen steht wieder ein Drittes: Stelle dir aber nun nicht vor, du bestündest danach aus zwei Personen, einer äußeren und einer inneren. Nein: Du sollst ja gerade ein Ganzes werden, eine eindeutige, klare Gestalt: du selbst. Das geschieht so, daß sich deine Gestalt an Geist und Seele allmählich wandelt in die Gestalt des Christus. Deine Gestalt wird in einem langen Wachstums- und Werdeprozeß „umgestaltet" in seine Gestalt. Darin aber gerade findest du am Ende deine eigene, dich selbst.

Und ein viertes Bild: Du bist wie ein Garten oder ein Feld. Aus dir soll nun aufwachsen, was in dich gelegt ist. Du bist wie ein Acker, über den einer geht, um Samen auszuwerfen. Nun soll das Getreide aufwachsen und Frucht tragen, „dreißigfach, sechzigfach oder hundertfach", wie Jesus sagt. Das Wort fällt in dich, und was aufwachsen soll, ist nicht nur der neue Mensch in dir, sondern viel mehr: das Reich Gottes. Du bist gesegnet. Nun lebe, wachse und gedeihe. Deine Seele soll sein „wie ein wasserreicher Garten", wie schon Jesaja sagt, Gottes Pflanzung, Ort, an dem Gottes Reich sichtbar wird.

Wir betrachten diese vier Bilder, eins nach dem andern.

Das erste beschreibt Paulus *im 5. Kapitel des Römerbriefes:*

„Da wir nun gerecht geworden sind
durch den Glauben,
so haben wir Frieden mit Gott
durch unsern Herrn Jesus Christus."

Wenn wir den Zusammenhang, in dem dieser Satz steht, einbeziehen, so meint Paulus offenbar etwa folgendes: Wir vertrauen uns Gott an. Damit ist alles gut. Wir sind so, wie Gott uns will. Er läßt uns gelten, wie wir sind, und wir brauchen nichts beizutragen als unseren Glauben. Wir sind „gerecht". Nun ist Frieden zwischen Gott und uns, und wie Gott uns liebt, so sind nun auch wir fähig, ihn zu lieben.

Wir brauchen gegen Gott nicht mehr zu streiten. Wir haben Anklagen und Vorwürfe gegen Gott ebenso hinter uns wie unsere alte Angst vor ihm. Wir stehen da, gelassen, im Licht Gottes und rühmen unseren Herrn, Jesus Christus, der uns das alles verschafft hat. Wir haben Frieden mit Gott, sagt er. Wir haben wohl noch allerlei Fragen an Gott, und wir hoffen, daß Gott sie uns dereinst beantworten wird. Wir fragen durchaus nach dem Sinn des Leids, wir fragen, warum so viel Unrecht ist, aber in diesen Fragen liegt kein Vorwurf mehr, kein Angriff auf Gott, kein Haß gegen Gott. Wir stellen sie zwar mit heißem Herzen, aber wir wissen auch, daß Gott nicht verpflichtet ist, sie uns zu beantworten. Wir trauen Gott zu, daß, was uns in dieser Welt sinnlos erscheint, Sinn hat. Wir vertrauen darauf, daß dem Dasein eine letzte Güte zugrunde liegt, sogar eine letzte Gerechtigkeit. Wir wissen, daß sich die Wahrheit uns entzieht, und vertrauen dennoch darauf, daß es eine letzte Wahrheit gibt und daß wir sie eines Tages schauen werden. Wir haben Frieden mit Gott.

Wir sind gerecht, sagt Paulus. Er meint nicht, wir seien nun moralisch vollkommen oder erfüllten irgendein Gesetz in untadeliger Weise. Er meint: Wir sind Gott gegenüber so, wie es unserem wirklichen Verhältnis zu ihm entspricht, wie es angesichts der Wahrheit „sach-gerecht" ist, das heißt, wir bringen in das Gegenüber zu Gott unseren Glauben, unsere Liebe und unsere Dankbarkeit ein.

94

Das Evangelium sagt also: Du bist von Gott bejaht. Du darfst sein. Du brauchst dich nicht zu rechtfertigen. Du bist recht in seinen Augen. So nimm nun dich selbst an und Gott zugleich und sei, was Gott mit dir gemeint hat.

Wenn ich also, sagt Paulus, mich schwach fühle, was gräme ich mich um meine Schwäche? Alles, was geschehen muß, wirkt Gott selbst in mir. Ich brauche mich um den Sinn und Ertrag meines Lebens nicht zu kümmern, ich weiß sie wohl bewahrt in Gottes Hand. Ich brauche mich um das Gelingen meiner Bemühungen nicht zu sorgen, er selbst wirkt in allen Dingen, was gut ist für mich und die anderen. Ich habe eine gute und reiche Zukunft vor mir, und nichts und niemand kann mich scheiden von der Liebe Gottes, die ich in Christus finde, meinem Herrn. Und wenn es sehr dunkel aussieht in mir und um mich her, dann begegne ich doch mitten im Dunkel, auch in der tiefen Nacht meiner Schuld, nicht dem Teufel, sondern dem liebenden Gott selbst.

Anders redet das zweite Bild, das Bild von der Geburt des neuen Menschen in uns.

Eines Nachts, als niemand sah, wohin er ging, kam der alte Rabbi Nikodemus zu Jesus, um mit ihm über das Reich Gottes zu reden. Er wollte wissen, was Jesus meinte, wenn er von dem neuen Menschen sprach, der Erbe des Reiches Gottes sein werde. Aber Jesus redete nicht über das Reich Gottes mit ihm, sondern über ihn selbst, Nikodemus: Du mußt von neuem geboren werden! Und:

„Wer nicht neu geboren wird
aus dem Wasser und dem Geist,
kann nicht ins Reich Gottes kommen.
Der Wind weht, wo er will,
und du hörst sein Sausen wohl,
aber du weißt nicht,
woher er kommt und wohin er fährt.
So ist, wer aus dem Geist geboren ist."
Johannes 3,3.8

Wie Jesus dies gemeint haben könnte, zeigt eine kleine Anekdote aus der Zeit, in der er in Galiläa lehrend umherzog. Da sprach Jesus davon, das Schicksal eines Menschen entscheide sich daran, wem er in sich selbst Raum gebe, Gott oder einem dunklen Geist. Er sei eine Wohnung für Licht oder Finsternis. Mitten in diese Worte hinein ruft eine Frau ihm zu:

„Selig ist der Leib, der dich getragen hat,
und die Brust, an der du getrunken hast."
Lukas 11,27

Sie weiß offenbar nicht recht, wovon Jesus geredet hatte, vielleicht schwärmt sie nur einfach von diesem Mann und träumt davon, sie möchte einen Sohn haben wie ihn. Aber Jesus nimmt der

Situation schnell die Peinlichkeit und setzt den Gedanken fort, an dem er gewesen war:

„Ja, selig sind,
die Gottes Wort hören und bewahren."
Lukas 11,28

Damit sagt er: Ja, das ist es. Das kann geschehen. Wenn mein Wort in dich fällt und du es bewahrst, so daß es in dir Raum findet und wächst, dann wirst du glücklich sein. Denn dann entsteht in dir ein neuer Mensch, ein Kind. Dann entstehe ich in dir.

Das Gleichnis von dem Kind macht uns wohl auch deshalb Mühe, weil es von einer Frau gewiß anders empfunden und nacherlebt wird als von einem Mann. So sagt Jesus zu Nikodemus: Du mußt von neuem geboren werden. Und er sagt zu der Frau: Du kannst etwas gebären. Nikodemus soll eine Geburt aus Wasser und Geist erleben, die Frau die Geburt des Christus erfahren. Beide nehmen ein Wort auf, sie hören und bewahren es. Sie lassen geschehen, was dann geschieht, und das Kind aus Gott beginnt im hörenden und empfangenden Menschen zu leben.

Am Ende, sagt Paulus, wird es so erwachsen sein wie Christus selbst, und wenn der Mensch stirbt, überschreitet der neue Mensch in ihm, der Christus, der in ihm lebt, die Grenze und kehrt heim, um von da an „mit" Christus zu sein.

„Die Liebe Gottes",
so lesen wir im 5. Kapitel des Römerbriefs,
„ist in unser Herz ausgegossen,
denn heiliger Geist ist uns gegeben!"

Wir sind also ein innerer Raum, den die Liebe Gottes füllt, ein Reich der Liebe Gottes und seines Geistes. Von uns soll nun die Liebe Gottes weiterfließen in die Welt. Luther sagt und nimmt das Wort vom „Christus in uns" auf, wir sollten „ein jeder dem anderen ein Christus sein". Der neuentstehende Christus in uns solle aus uns herausscheinen, damit sein Licht in die Welt dringt. Wer also nach dem Wesen und Auftrag des Menschen fragt, darf nicht weniger in ihm suchen als dies.

Das dritte Bild: das Bild von der Verwandlung unserer Gestalt. *Im 2. Korintherbrief 3,17f. lesen wir:*

„Der Herr ist der Geist.
Wo aber der Geist des Herrn ist, da ist Freiheit.
Nun aber schauen wir mit freiem Angesicht
alle
die Lichtgestalt des Herrn
und werden verwandelt in das Bild,
das wir schauen,
in einem unendlich lebendigen Prozeß
auf eine Herrlichkeit zu,
wie sie vom Herrn des Geistes gewirkt wird."

Im Philipperbrief 3,21:

„Jesus Christus wird diese irdische Gestalt,
die wir in der Niedrigkeit dieser Welt an uns
tragen,
verwandeln, so daß sie gleich wird
der Gestalt seiner Herrlichkeit."

Oder im Römerbrief 8,29:

„Die er voraus erwählt hat,
die hat er dazu bestimmt,
gleichgestaltet zu werden dem Bild
seines Sohnes."

Er will sagen: Dadurch, daß uns der Geist Gottes gegeben ist, haben wir die Freiheit des Schauens. Die Augen sind uns aufgegangen. Indem wir schauen, lassen wir uns verwandeln. Schauen verbindet den, der schaut, mit dem, der geschaut wird. So entsteht in uns, wenn wir Christus schauen, unser persönliches Bild von Christus. Dieses Bild prägt uns, gestaltet uns um zu unserer eigenen, eigentlichen Gestalt. „Wir werden verwandelt in das Bild, das wir schauen."

Aber nun geht Paulus noch um einen Gedanken weiter, der uns Heutige schwindeln machen könnte. Im Kolosserbrief schreibt er: So unfertig unsere Gestalt ist und des Gegenübers des Christus bedarf, um ganz zu werden, so sehr bedarf Christus selbst, der leidende, derer, die ihm gegenübertreten, um an seinem Leiden teilzunehmen:

„Ich freue mich in den Leiden,
die ich für euch leide,
und ergänze an meinem Leib,
was an den Bedrängnissen des Christus
noch fehlt,
zugunsten seines Leibes,
nämlich der Gemeinde."
Kolosser 1,24

Paulus faßt den kühnen Gedanken, die volle Leidensgestalt des Christus sei noch nicht sichtbar – nicht die des Menschen Jesus, der unter Pilatus litt, sondern die des Christus, dessen Maß über Zeit und Raum in kosmische Dimensionen hinausgewachsen ist. Er sieht im Leiden der Schöpfung eine milliardenfache Ausweitung des Leidens Christi und wird, indem er das sieht, selbst zum Leiden bereiter. Er wird fähiger, ein Stellvertreter zu sein. Er übernimmt, sensibel geworden, etwas von dem Leiden, das der kosmische Christus zu erdulden hat. Vollendet aber wird die Gestalt des Christus erst sein, wenn alle, für die er leidet, mit ihm verbunden sind.

Dieser Gedanke könnte für unsere Gegenwart noch sehr an Gewicht gewinnen. Vielleicht erlebt unsere Generation noch eine Zeit, in der etwas anderes nicht mehr zur Wahl stehen wird als das trostlose Zugrundegehen oder das Leiden mit Christus um der Erlösung der Welt willen.

So kommt Paulus an den Punkt, an dem er sagen kann:

„Wir sind glücklich und preisen Gott
auch in Bedrängnissen.
Denn wir wissen:
In den Bedrängnissen wächst die Geduld.

In der Geduld festigt und bewährt sich der
Glaube.
Aus der Bewährung erhebt sich Hoffnung.
Diese Hoffnung aber enttäuscht nicht.

Wie kann ich das behaupten?
Ich kann es sagen,
weil uns Gottes Geist gegeben ist
und die Liebe, die von Gott ausgeht,
unsere Herzen erfüllt."
Römer 5,3 ff.

Er sagt: Ich habe erfahren, daß mitten in Bedrängnis und Verfolgung sich etwas einstellte wie ein langer Atem, und als ich mich ihm überließ, wuchsen die Kräfte, und in dem Maß, in dem die Kräfte wuchsen, war mir die Zukunft nicht mehr so bedrohlich, sie weitete sich, mein Weg wurde klarer, ich gewann die Zuversicht, daß ich ihn bestehen werde, und ich bin überzeugt, diese Zuversicht wird sich bewähren.

Durch die Verbindung mit dem leidenden Christus kommt in uns ein Prozeß in Gang, der zur Klärung und Stärkung führt, am Ende aber zu Frieden und Zuversicht, zu Güte und Weisheit. Wir finden unsere eigentliche Gestalt, diese aber ist im Grunde die Gestalt des Christus. Wir wandeln uns zu einem Instrument der befreienden, beglückenden Liebe Gottes.

Und noch ein viertes Bild: das Bild vom Wachstum des Reiches.

Da spricht Jesus von einem Senfsamen, der das kleinste aller Samenkörner sei, aber allmählich und unaufhaltsam zu einem Baum aufwachse und schließlich den Vögeln des Himmels Raum und Geborgenheit gebe. Oder er spricht von einem Acker, über den einer geht und „das Wort" auswirft. Er vertraut der Erde die Saat an. Danach geht er nach Hause und kümmert sich nicht weiter um sein Feld. Aber die Saat geht auf und bildet Ähren, und schließlich reift das Reich Gottes heran. Der Acker ist der Mensch.

Was aber muß geschehen, damit in einem Menschen das Reich Gottes wächst? Hier redet die Bibel vom „Segen Gottes" und bleibt damit in der Bildsprache vom Acker und vom Weizen. Nehmen wir an: Ein Acker ist trocken. Es liegt Saat in ihm, aber er ist trocken. So wächst nichts. Nun setzt Regen ein. Die Saat geht auf und wächst. Der Regen segnet, das heißt, er hilft, daß etwas aufgeht, daß etwas wächst, daß etwas gedeiht. Wenn Gott seinen Segen über uns ausspricht, dann wächst etwas in uns, es gedeiht etwas, es reift Frucht. Der Same springt auf und wird frei, und aus einer Erde, aus der scheinbar nichts zu erwarten war, wächst Vertrauen, wächst Dankbarkeit.

Wenn Segen über einem Leben waltet, hat es Sinn. Es gedeiht. Es wirkt lösend, fördernd, befreiend auf andere. Versuche glücken, Werke gelingen. Die Mühe zehrt das Leben nicht aus, sie ist sinnvoll und bringt ihre Frucht. Am Ende steht nicht die Resignation, sondern eine Ernte. Ein alternder Mensch, dessen Leben gesegnet ist, geht nicht zugrunde, er reift vielmehr, wird klarer und freier und stirbt am Ende „lebenssatt", wie einer von einer guten Mahlzeit aufsteht.

Segen ist ein Geschehen nahe verwandt dem, was wir „Gnade" nennen. Denn man kann Segen nicht machen. Er kommt oder er kommt nicht, wie der Regen über ein Feld kommt oder nicht kommt.

Daß ein Mensch dem begegnet, den er lieben kann, das kann er nicht machen. Es ist Gnade. Und sein Leben wird gesegnet. Alles Begegnen ist Gnade, alles Finden und Zusammenbleiben, alle Bewahrung vor Gefahr und Unheil, aller Frieden ist Gnade. Ob ein Mensch zu seiner eigenen, eigentlichen Gestalt heranreifen darf, das kann er nicht machen, er darf es aber, wenn es ihm widerfährt, dankbar empfangen. Wenn sein Werk gelingt, wenn er bewahrt bleibt vor schwerer Verschuldung, das ist Gnade. Es ist Gnade, wenn die Kräfte des Wachstums, der Lebendigkeit, der schöpferischen Vitalität erwachen oder wenn am Ende Frucht übrigbleibt, die ein Mensch einem anderen weiterreichen darf. Wir werden selig „allein durch die Gnade", sagte die Reformation, durch einen Segen, der von oben kommt und nicht erzwungen werden kann.

Von Jesus ist erzählt, er habe Kindern die Hände aufgelegt und sie gesegnet. Wer ein Kind segnet, drückt damit aus: Gott lasse dich wachsen und gedeihen. Er gebe dir Glück. Er mache deine Hoffnungen wahr. Er gebe dir das Wohl des Leibes und das Heil der Seele. Er mache dich zu einem reifen, erwachsenen Menschen und lasse aus deinem Leben Frucht wachsen für viele Menschen, Frucht, die in Ewigkeit bleibt. „Er herzte sie", erzählt das Evangelium. Er umarmte sie mit einer Geste der Liebe und des Zutrauens in ihre kleine Kraft. Und wenn wir seinen Segen weitergeben wollen, so nehmen wir unser Kind in den Arm und sprechen oder denken: Gott segne dich, mein Kind.

Damit sagen wir nicht nur etwas Schönes, sondern etwas Wichtiges auch für unsere Beziehung zu ihm. Wichtig ist nicht, was ich über dich denke, über deine Zukunft, über deine Begabungen, darüber, was du werden sollst und wie dein Leben sich abspielen soll. Meine Gedanken und Pläne sind unwichtig. Wichtig allein ist, was Gott in dich hineingelegt hat. Meine Aufgabe kann nur sein, dich so zu schützen, daß unter dem Segen Gottes aufgehen kann, was in dir liegt. Meine Gedanken können nur der Sonnenschein und der Regen sein, die dir den Segen Gottes bringen.

Und wenn mein Kind heranwächst, ist wieder nicht wichtig, was andere Leute von ihm erwarten oder was ich mir unter seinem Wesen und Leben vorstelle, sondern allein, daß der Keim, den Gott in seinen Geist und sein Herz gelegt hat, aufgeht und das Kind bei seinem Eigensten bleibt.

Wenn wir alt werden, dann ist wiederum nicht wichtig, ob wir unsere Pläne verwirklicht und unsere Ziele erreicht haben, ob die Leistung unseres Lebens sich sehen lassen kann oder nicht, sondern nur, ob der neue Mensch, der im Laufe unseres Lebens in uns wachsen sollte, seine Gestalt erreicht hat. Jener neue Mensch, der immer mehr Christus-ähnlichkeit gewonnen hat.

Und dabei ist wieder nicht wichtig, ob wir selbst diesen neuen Menschen wahrnehmen, sondern nur, ob er für Gottes Augen sichtbar geworden ist, für Gott, der ihn hat entstehen lassen.

Ein zweiter Segen ist von Jesus berichtet: An dem Abend, als er mit den Seinen in einem Haus in Jerusalem das Pascha feierte, segnete er den Becher Wein, wie jeder Hausvater in jener Stunde es tat. Der Wein ist ein Zeichen des Fests. Dazu aber reichte und segnete Jesus das Brot. Brot – das ist seit Urzeiten ein Symbol für die Mühsal, unter der der Mensch sich seine Nahrung aus der Erde holt,

105

aus jener Erde, von der er selbst genommen ist und zu der er am Ende zurückkehrt. Dieses Zeichen der Mühe, des Leidens und des Todes segnete Jesus zugleich mit dem Wein des Fests, und er gab die Deutung dazu: „Das Weizenkorn kann nur Frucht bringen, wenn es zuvor in die Erde fällt und stirbt" *(Johannes 12,24)*.

Er segnet also das Opfer, die Hingabe, die Rätsel und die Schmerzen, damit Frucht aus ihnen erwächst. Er segnet sie, damit der Fluch sich wandelt in Gelingen. Denn das Leben findet, sagt er, nicht, wer es an sich reißt, sondern wer es hingibt. Er gibt damit seinem eigenen Tod die Deutung und reicht dem, der an seinem Tisch sitzt, ein Mysterium: gewöhnliche Nahrung, die ihm zu einem Bild der Erlösung wird, zu einem Bild für das Fest, für Geborgenheit, für die Nähe des Gastgebers. Aus einer gewöhnlichen Versammlung von Gästen wird das Volk Gottes. Und die Gemeinschaft dieses Volkes Gottes wird verglichen mit einer Braut, also jenem glücklichen Menschen, der in der Hoffnung lebt auf das Kind, auf Wachstum und Fruchtbringen und der aus dem Segen sein Leben hat.

In den Berichten über die Begegnungen der Jünger mit Jesus nach seinem Tode ist von einem dritten Segen die Rede: „Er führte sie hinaus nach Betanien, hob die Hände und segnete sie. Segnend schied er von ihnen und fuhr auf zum Himmel. Sie aber kehrten nach Jerusalem zurück, von Freude erfüllt, und waren von da an ständig im Tempel, Gott rühmend" *(Lukas 24,50–53)*.

Der Segen von Betanien war die Übergabe eines Auftrags und ein Akt der Befähigung. Die Jünger übernahmen in jener Stunde Jesu eigenes Amt:

„Gott hat mich gesandt",
so beschreibt er es,
„den Armen zu sagen, daß Gott sie liebt,
die verwundeten Herzen zu verbinden,
den Gefangenen die Freiheit zu bringen
und den Blinden das Licht,
die Mißhandelten zu erlösen
und auszurufen: Dies will Gott!"
Lukas 4,18

Dieser letzte Segen war Abschied und war Einsetzung in ein Amt zugleich, das Amt, das aus den Armen reiche Menschen schaffen soll, aus Kranken Gesunde, aus Blinden Sehende, aus Mißhandelten Glückliche.

Als Jesus die Jünger zum Abschied segnete, hob er die Hände auf mit der Geste des Empfangens und des Weitergebens, damit die Jünger das, was sie empfangen haben, weitergeben wie er selbst. Der Keim des Gottesreiches sollte nun auch mit durch sie in die Erde gesenkt werden, nicht nur ins Herz der Menschen, sondern in die Geschichte dieser Erde überhaupt.

Dies alles geschieht nicht einfach. Es geschieht, wo ein Mensch sich auf den Ruf des Christus einläßt, wo er sein eigenes Leben aufgibt, um ein Acker zu sein für die Saat und die Ernte eines anderen. Umkehr ist dazu nötig, Leidensfähigkeit auch. Aber ihm gilt das wunderbare Wort des Propheten:

„Deine Seele soll sein
wie ein wasserreicher Garten."
Jesaja 58,11

In dir soll etwas wachsen und reifen, und es soll Lebenskraft ausströmen auf andere wie aus einer Quelle. Über dir ist Gott wie der Himmel, unter dir wie die Erde, um dich her wie die Luft und der Wind, in dir wie das Licht. Du bist in ihm und du lebst, um ihn zu preisen, das Reich seiner Gegenwart zu schauen und nach dem Maß deiner Kräfte dafür zu wirken.

Der Garten bist du selbst. Er ist das Reich Gottes.

4. KAPITEL

Das Reich Gottes unter den Menschen

GRÜN

Die Mitte des Farbenspiels im Regenbogen, verbindendes Licht zwischen Gelb und Blau, freundliche Schwingung zwischen den leuchtenden Kräften.

Grün – die Farbe der Lebendigkeit der Erde, die Farbe von Gras und Kraut, Busch und Baum. Unter der Linde lebt die Gemeinschaft der Menschen, unter dem Baum ist der Ort des Rechts. Schützender, schattiger Raum, in dem das Leben des einen mit dem Leben des anderen sich verbindet.

Grün – das ist die Farbe von Schöpfung und Erneuerung, von Heilung und gedeihendem Dasein. Die Wandlungskraft und die alles Leben durchdringende Energie des Geistes Gottes deuten sich an.

Grün ist die Mitte der Farben, Symbol der Versöhnung und der Barmherzigkeit, Zeichen eines neuen Himmels und einer neuen Erde.

Das Reich Gottes ist nicht das stille Reich der zurückgezogenen Seele allein. Es strahlt aus auf die Gemeinschaft der Menschen.

Da ist noch einmal jenes Gleichnis vom Senfsamen. Als Jesus einmal am Ufer des Sees Gennesaret saß und die Menschen sich um ihn drängten, so daß er keinen Raum hatte, zu ihnen zu sprechen, stieg er in ein Boot, während das Volk am Ufer stand, und redete zu ihnen.

„Das Reich der Himmel ist einem Senfkorn gleich,
das einer nahm und auf seinen Acker säte.
Das ist das kleinste von allen Samenkörnern.
Wenn es aber aufgegangen ist,
wird es größer als alle Kräuter
und wird ein Baum,
so daß die Vögel des Himmels kommen
und in seinen Zweigen wohnen."
Mattäus 13,31 f.

Was in euch geschieht, so höre ich aus diesen Worten, ist unscheinbar. Es betrifft euch selbst und zunächst euch allein. Aber dann will es wachsen, sich dehnen, sich ausbreiten, wie ein Samenkorn ein Keimblatt bildet und schließlich ein Baum wird. Der aber lebt nicht für sich selbst, sondern dafür, daß andere kommen und in ihm „Nester bauen", Schutz und Schatten, Geborgenheit und Heimat finden.

Ich suche nach den Merkmalen des Gottesreiches und finde es auch zwischen den Menschen, die um mich her sind. Ich höre Jesus:

„Was ihr einem
unter meinen geringsten Brüdern tut,
das tut ihr mir."   *Mattäus 25,40*

Wo mir also einer begegnet, der mich braucht, begegne ich Ihm. Da ist das Reich Gottes. Es ist also nahe bei mir selbst, dort, wo ich arbeite, wo meine Nachbarn über den Zaun schauen, wo ich mit meinen Kindern umgehe, mit dem Chef, den Kollegen, den Konkurrenten, den Gegnern, den Feinden, mit einzelnen und mit ganzen Völkern.

Das Reich Gottes wird mir dabei zu einem handfesten, diesseitigen Modell, an dem ich messe, ob, was zwischen den Menschen und mir geschieht, für die Gerechtigkeit getan sei. Da rückt mein Glaube in soziale Probleme hinein, in wirtschaftliche oder politische, und meine täglichen Aufgaben werden zu dem Material, das ich einsetze, damit vom Reich Gottes auf dieser Erde etwas sichtbar wird.

Aber wie wird davon etwas sichtbar? Doch gewiß nicht durch meine moralische Anstrengung? Wo etwas wachsen soll, wie ein Same zu einem Baum wächst, da hilft keine Bemühung, da muß es von selbst geschehen aus den Wachstumskräften, die im Samen sind, und aus dem freigewordenen, formenden Bauplan des Baums.

Als Jesus im Boot stand und über das Gottesreich redete, sagte er:

„Mit dem Reich Gottes ist es so,
wie wenn einer Samen auf den Acker wirft.
Danach schläft er und steht wieder auf,
Nacht und Tag,
und der Same geht auf und wächst,
er weiß nicht, wie.
Denn von selbst bringt die Erde Frucht,
zuerst den Halm, dann die Ähre,
am Ende den vollen Weizen in der Ähre.
Wenn sie aber die Frucht gebracht hat,
schickt er die Sichel hin,
denn die Ernte ist da." *Markus 4,26 ff.*

Wie also gewinnt das Gottesreich unter den
Menschen Stand und Wesen? Was tut Jesus, wenn
er „den Samen auf den Acker wirft"? Ich gehe ein
Stück Wegs mit Jesus durch das Land am galiläi-
schen See und schaue ihm zu, wie er mit Menschen
umgeht. Ich schaue ihm sozusagen über die
Schulter.

Das erste, was mir dabei auffällt, ist, daß er
nicht sagt: Ihr Faulpelze, tut etwas! Ihr Egoisten,
kümmert euch! Ihr Sünder, bessert euch! Ihr
Ungläubigen, bekehrt euch! Er redet ganz anders.

Das erste, das ich aus seinen Worten immer
wieder heraushöre, ist das Urwort des Evangeliums, das große Wort von der Entlastung:

„Kommt her zu mir, alle,
denen das Leben Mühe macht,
denen das Leben eine Last ist.
Ich will sie euch abnehmen.
Ich will euch helfen zu leben.
Ich nehme euch an. Ich gebe euch Frieden.
Aufatmen sollt ihr und frei sein."
Mattäus 11,28

Offenbar sieht Jesus in den Menschen nicht vor allem die Bösen, sondern die Beladenen. Und wenn er von Schuld spricht, dann ist ihm auch die Schuld nicht Ausdruck ihrer Bosheit, sondern ihrer Last.

Wer zu Jesus kam, brauchte nicht zu beweisen, er sei ein guter Mensch. Jesus nahm ihm gerade umgekehrt seinen Unfrieden, seine verborgene Last und seine Angst ab und gab ihm den Frieden. Frieden kann sich ausbreiten, wo ein Mensch den Streit mit sich selbst beenden darf. Er kann ihn beenden, wo ein anderer ihn annimmt und bejaht. So empfingen die Menschen durch Jesus die Kraft, sich zu ändern, und wurden mit dem Wort entlassen: Geht in den Frieden! Schließt Frieden auch mit euch selbst. Wie solltet ihr euren Nächsten lieben können wie euch selbst, solange jeder mit sich selbst im Streit liegt? Er ließ die Menschen kommen, wie sie waren. Er schied nicht zwischen Guten und Bösen und sprach von dem Vater im Himmel, der seine Sonne scheinen lasse auf Böse und Gute und regnen lasse über Gerechte und Ungerechte.

116

Ich höre ihn mit den Menschen reden und sagen: Auch Gott – oder was du dir unter ihm vorstellst – braucht keine Last für dich zu sein. Er kennt dich, er kümmert sich um dich, wie ein guter Vater sich um sein Kind kümmert. Du kannst zu ihm sprechen. Er hört, was du klagst, und weiß, was du brauchst. Du brauchst deinen Wert nicht durch Leistungen nachzuweisen. Was du hörst, ist wichtiger, als was du kannst. Dein Vertrauen zählt, nicht dein Werk.

Aber schon dieser erste Ton des Evangeliums ist uns modernen Menschen so fremd, daß ich mich frage, wie wir eigentlich in unserer heutigen Welt noch verstehen wollen, was Gott uns in Jesus Christus gegeben hat. Da bringen wir uns gegenseitig mit unserem mörderischen Leistungsprinzip um das Leben und um die Würde und könnten doch in großer Gelassenheit einander das Leben und die Würde gewähren. Da sortieren wir einander in die Guten und die Bösen, die Korrekten und die Ungeordneten, die Liebenswerten und die Lebensunwerten und könnten doch in Frieden leben.

Aufatmen sollt ihr, höre ich Jesus sagen. Ich sehe eure Müdigkeit. Ich sehe, wie ihr euch in eure Angst und Verzweiflung einspinnt. Kommt! Ich gebe euch die Kräfte, die ihr braucht, den Mut und den Frieden.

Ich schaue Jesus noch ein zweites Mal zu. Ich sehe, wie er den Ärmsten seines Landes begegnet.

Es heißt von ihm:
„Als er sie sah, taten sie ihm leid,
denn sie waren verlassen,
verhungert und heruntergekommen
wie Schafe, die keinen Hirten haben."
Mattäus 9,36

Die Kranken drängten sich um ihn. Er sagte
ihnen nicht: Du bist an deiner Krankheit selbst
schuld. Oder: Das ist eine Strafe Gottes! Oder: Finde
dich ab, das ist dein Schicksal. Er nahm sie zu sich
und heilte ihre Krankheiten. Steh auf, nimm dein
Bett! Geh heim. Es ist das Urwort für die Heilung
des Leibes, der Seele und des Geistes.

Er sah sie krank an ihrem Gewissen, zerfallen
mit sich selbst, in Angst gefangen vor der Entdek-
kung ihrer Vergangenheit oder in Angst vor den
irdischen Richtern oder vor dem rächenden Gott,
und sagte sehr einfach: Deine Sünden sind dir ver-
geben. Deine Würde hängt nicht von dem ab, was
die Menschen sagen oder die Richter entscheiden.
Sie kommt von oben. Niemand kann sie dir nehmen. Geh nun und mach einen neuen Anfang.

Da lief Jesus ein Mensch entgegen, der von
einem Dämon besessen war:

„Der hauste in den Grabhöhlen.
Niemand konnte ihn mehr binden.
Denn er war oft mit Fesseln und Ketten
gebunden gewesen

118

und hatte die Ketten zerrissen
und die Fesseln zerrieben.
Er war in den Gräbern und auf den Bergen,
schrie und schlug sich mit Steinen."
Markus 5,2 ff.

Er war von einem fremden Geist besetzt, heißt
es von ihm. Und Jesus nahm ihn zu sich und heilte
ihn. Und es heißt am Ende:

„Und die Leute aus der Nähe kamen zu Jesus
und sahen den Besessenen, wie er dasaß,
bekleidet und vernünftig,
und sie fürchteten sich."
Markus 5,15

Da sind also Menschen, die nicht sie selbst sind,
deren Wille gebunden, deren Geist besetzt ist, deren
Seele „in den Grabhöhlen" haust. Besetzt von
Zwangsvorstellungen, vielleicht auch – und das
geht über die weit hinaus, die wir geisteskrank
nennen, und reicht tief hinein in die sogenannten
Gesunden – besetzt von fremden Meinungen, vom
Geist ihrer Zeit und vom Feindbild ihrer Partei.
Und Jesus läßt sie kommen und heilt sie. Gibt
ihnen die Kraft, zu denken, was sie selber denken
wollen, zu glauben, was sie selbst glauben, zu tun,
was ihnen selbst und ihrem Auftrag entspricht.
Und wenn der fremde Geist ausgefahren war, sagt
das Evangelium, kehrte eine große Stille in den

Menschen ein, wie die Stille, die eintrat, als Jesus dem Sturm auf dem Meer Einhalt gebot.

Und immer wieder höre ich heute irgendeinen Menschen, mit dem ich rede, etwa so sagen: Wenn ich Jesus gegenüberstehe, bin ich plötzlich ich selbst. Ich bin kein Bruchstück, sondern ein ganzer Mensch. Ich bin nicht tot in meiner Seele. Es lebt noch etwas in mir. Es wächst noch etwas. Es ist nicht alles Sklavenarbeit, was ich tue, es geschieht noch etwas Quellfrisches in mir selbst. Oder: Ich habe eine Gelassenheit gefunden, die ich nicht von mir selbst habe. Eine Gewißheit, die Grund unter den Füßen hat. Eine Stille, die nicht aus mir ist. Nun brauche ich mich gegen die Welt und die Menschen nicht mehr zu wehren. Sie gehören zu mir und meinem Schicksal. Manchmal empfinde ich sogar etwas wie Liebe zu ihnen, und ich kann sie annehmen und bejahen.

Und noch ein drittes Mal schaue ich Jesus zu. Als er in Nazaret seine Antrittsrede hielt zu Beginn seiner öffentlichen Wirksamkeit, da nahm er, als beschriebe er sein Programm der nächsten Jahre, ein Wort des Propheten Jesaja auf und las das große Wort von der Befreiung:

„Der Geist Gottes ist über mir.
Er hat mich berufen,
den Armen zu sagen, daß sie geliebt sind.
Er hat mich gesandt,

120

den Gefangenen die Befreiung anzusagen,
den Blinden die Augen zu öffnen,
die Mißhandelten zu erlösen
und auszurufen das Befreiungsjahr,
das Gott angesetzt hat.
Heute ist das Wort des Propheten erfüllt,
und ihr hört es, hier in Nazaret."
Lukas 4,18f.

Zunächst waren die Leute begeistert. „Das ist die Gnade Gottes, die aus diesem Mann spricht." Aber dann erkannten sie plötzlich, daß hier das Leben in ihrem Dorf berührt war. Denn hörte man genau zu, dann sagte Jesus wie auch schon Jesaja etwa dies: Ihr habt in Nazaret Leibeigene. Gebt ihnen die Freiheit. Ihr habt Verschuldete. Erlaßt ihnen ihre Schulden. Ihr habt hier Gastarbeiter, gebt ihnen die vollen Bürgerrechte. Gott sendet mich. Also bitte, tut, was ich euch sage.

Als die Leute in der Synagoge das begriffen, wurden sie rot vor Zorn. Sie sprangen auf, warfen ihn hinaus und trieben ihn an den Felsen, auf dem ihr Dorf stand, und wollten ihn hinabstürzen. Aber er ging mitten durch die tobende Menge weg.

Ich bin gekommen, sagt Jesus, Gefangene zu befreien. Viele werfen der heutigen „Theologie der Befreiung", die in den Ländern der Dritten Welt entwickelt worden ist, vor, sie verlasse den Boden des christlichen Glaubens. Aber das kann eigentlich nur dann gesagt werden, wenn der christliche Glaube sich mit denen verbündet hat, die sich der Befreiung der Menschen widersetzen, mit denen, die aus der Unfreiheit anderer Gewinn ziehen. Und ich meine im Gegenteil, unsere Sozialordnung betrete erst dort christlichen Boden, wo der Ruf nach der Befreiung der Geknechteten in politische Wirklichkeit übergeht, wenn die Menschen, die das Evangelium hören, die Hoffnung fassen, daß verschlossene Türen sich öffnen, Dunkelheiten sich lichten, Ketten abfallen können. Denn Jesus ist gekommen, den Gefangenen das Licht und den Gefesselten die Freiheit zu bringen. Das Wort von der Befreiung ist das dritte Urwort des Evangeliums.

Dreimal habe ich Jesus zugesehen, und dreimal hörte ich ihn reden: von Entlastung, von Heilung, von Befreiung. Und das ist nun entscheidend: Erst wo all dies geschehen ist, spricht Jesus von dem, was wir tun sollen. Er stellt keine Forderungen, ehe wir die Kräfte haben. Erst an die Befreiten richtet er sein weisendes Wort.

Ich sehe ihm also ein viertes Mal zu. Wenn er einen Mensch sah und ihn für fähig hielt, mitzuarbeiten, sprach er ihn an: Folge mir nach! Wenn er im Gespräch mit einem Gegner merkte, daß der etwas begriffen hatte von dem, was zu tun war, sagte er ihm: Geh, tu es! Er wusch seinen Jüngern die Füße – und auch diese Geste des Dienens ist ja eines der Urzeichen des Evangeliums – und sagte: Was ich euch getan habe, das tut nun einander.

Er zeigte ihnen einen Weg und übte die ersten Schritte mit ihnen. Entlastung, Heilung, Befreiung, Einübung – in dieser Reihenfolge – das ist das Evangelium. Es entsteht dabei ein Geflecht von Beziehungen zwischen den Menschen, in dem Freiheit und Würde konkrete Gestalt annehmen. Sie können einander wiederum entlasten, heilen, befreien und befähigen zu dem, was am Ende zu tun ist. Das Reich Gottes nimmt Gestalt an.

Wir gehen zurück und beginnen noch einmal dort, wo Jesus sagt: Kommt, ich will euch eure Last abnehmen! Denn das müssen wir Christen doch wohl immer wieder von neuem begreifen, daß das Reich Gottes nicht dadurch entsteht, daß wir unsere moralischen Anstrengungen unternehmen, es aufzurichten.

Noch immer liegt uns zum Beispiel nahe, wenn wir etwa Frieden und Gerechtigkeit suchen, uns als Helden zu fühlen. Wir empfinden nach dem Muster eines heiligen Georg: Die Welt ist voller Feinde des Friedens und des Rechts. Wir machen uns stark und räumen alle die bösen Menschen, die die Gerechtigkeit oder den Frieden gefährden, von der Erde. Wir setzen uns aufs hohe Roß, nehmen Schwert und Spieß zur Hand und stechen den bösen Feinden des Menschengeschlechts die Lanze ins feuerspeiende Maul. Immerhin, als Held nimmt ein rechtes Mannsbild männlichen oder weiblichen Geschlechts sich immer ein wenig besser aus als andere Leute.

Aber was tun wir, wenn wir merken, daß das nicht geht? Vielleicht deshalb nicht, weil der Drache in uns selbst sitzt? Und weil normalerweise das Werk des strahlenden Helden zwar vielleicht mit dem Tod des bösen Feindes, nicht aber mit dem Frieden endet? Wo um des Friedens willen gestritten wird mit dem Ziel, irgendeinen bösen Gegner durch Herz und Magen zu treffen, da bleiben am Ende immer der Krieg, der Haß und der Zwist, und der Friede fliegt wieder einmal davon wie ein blauer Luftballon irgendwo zwischen den weißen Wolken. Es soll aber Frieden entstehen hier auf dieser Erde.

Jesus setzt darum an die Stelle des Helden, der für das Reich Gottes streitet, das Kind, das allem aufgeschlossene, unvoreingenommene Kind in seiner Wehrlosigkeit und Lebensfülle. Du wirst mehr für das Reich Gottes tun, sagt er damit, wenn du auf die Stunde achtest, in der du stehst, wenn du im Augenblick lebst und wartest, bis die Situation reif ist, wenn du ein Gespür hast für die Botschaft der Stunde und dann einfach tust, was vor dir liegt. Auch deine Rüstung, auch deine Waffen, auch die Waffen des Geistes sind eine Last. Lege sie ab, du bewirkst nichts damit. Denn das Reich Gottes wird nicht gebaut oder geschaffen, es kommt, wo man ihm Raum gibt.

Die jüdische Frömmigkeit spricht von der „Schechina" und meint die Gegenwart Gottes, die manchmal da ist, manchmal nicht, die wandert von

Ort zu Ort und plötzlich irgendwo ist, wo man sie nicht vermuten würde, und die plötzlich irgendwo fehlt, wo es naheläge, sie zu suchen. Sie wandert ruhelos, sucht Menschen, die sich ihr hingeben, und sucht Gemeinschaften, in denen das Gottesreich sich niederlassen und ausbreiten kann. Und Jesus meint dasselbe, wenn er sagt: „Ich stehe vor der Tür und klopfe an." Wo man ihm auftut, tritt er ein. Wo er aber eintritt, da ist das Gottesreich gegenwärtig, mitten in der Armut einer einfachen menschlichen Szene.

Die Bibel redet einmal davon, die Weisheit habe auf der Erde keine Heimat. Sie sei ein Fremdling und suche überall, wo sie einkehren könne. Wo sie aber einkehre, da sei Gottes Raum und Reich. Diese Weisheit aber ist etwas anderes als Klugheit und Menschenkenntnis oder gar Berechnung und Strategie. Vielmehr erweist sich auch die Klugheit des Menschen als Last, von der wir erst einmal frei werden müssen, um der Torheit der göttlichen Weisheit Raum zu geben, jener kindlichen Aufmerksamkeit, die sieht, was kommt, die hört, was da laut wird, die wahrnimmt, was den Augen sonst, auch denen des Menschenkenners, unsichtbar bleibt. Sie nimmt Schwingungen auf mit Sinnesorganen, die wir zunächst nicht haben, die sich aber durchaus in uns bilden können, wenn wir achtsam genug leben und die Welt des Reiches Gottes sich uns mitteilen will. Das Evangelium nennt solche Fähigkeiten „Gaben der Gnade".

Denn letztlich ist der Sinn des Menschenlebens auf dieser Erde – gegen allen Augenschein, gegen alle Erfahrung, gegen alle sogenannten Realitäten – der, daß Christus Gestalt gewinnt nicht nur in den Menschen, sondern auch um sie her in ihren Beziehungen. Der Mensch ist berufen, Christus zu werden, und seine Gemeinschaften sind dazu bestimmt, etwas von Christus zu spiegeln, in dem alle Dinge und alle Beziehungen sind.

Wo aber Weisheit dieser Art am Werk ist, da lösen sich verfestigte Verhältnisse, da führen Wege aus allerlei Sach- und Denkzwängen ins Offene, in ein neues Nachdenken, in die schöpferische Phantasie, in die Freiheit auch von der Angst vor allem Neuen, die uns so fest im Griff hat. Wo der menschliche Geist einmal seine Last abgegeben hat, da empfängt er die Leichtigkeit und Lebendigkeit, die die Gnade Gottes vermittelt, sozusagen die Grazie des Geistes, die unauffällig die Beziehungen unter den Menschen wandelt, so daß etwas von Gottes Reich in ihnen Wirklichkeit wird.

Wo das Reich Gottes unter den Menschen entstehen soll, da sind Kräfte der Heilung nötig, denn überall, wo Menschen miteinander zu tun haben, da ist das Kranke zwischen ihnen, das Gestörte, da sind die Ängste und die Haßgefühle und das Drohgehabe, die Irrtümer und die Illusionen. Aber wie kommt es zur Heilung? Jesus sagt einmal:

126

„Ihr habt gehört, daß gesagt ist:
Du sollst deinen Nächsten lieben
und deinen Feind hassen.
Liebt eure Feinde
und bittet für die, die euch verfolgen,
damit ihr Kinder seid eures Vaters im Himmel.
Denn er läßt seine Sonne aufgehen
über Böse und Gute
und läßt regnen über Gerechte
und Ungerechte.
Denn wenn ihr liebt, die euch lieben,
was werdet ihr für Lohn haben?
Darum sollt ihr vollkommen sein,
wie euer Vater vollkommen ist."
Mattäus 5,43 ff.

Mit diesem Wort „vollkommen" ist nicht gemeint, was wir zunächst hören: Wir sollten fehlerfrei sein, schattenlos, strahlend in allen guten Eigenschaften, sondern etwas viel Bescheideneres: Geht davon aus, daß ihr ganze Menschen seid, die sich nicht zu teilen brauchen, die auch ihre Liebe nicht teilen müssen, weil sie aus dem vollen schöpfen. Gott läßt seine Sonne über Bösen und Guten aufgehen. Er läßt regnen über Gerechte und Ungerechte. Er gibt ihnen, was sie zum Leben brauchen, und fragt nicht, ob sie Sonne oder Regen wert seien. So sei nun ganz und aus einem Stück und gib deine ganze Liebe dem, der dir gegenübersteht.

Ich verstehe Jesu Worte so: Ihr seid geliebt. Gott hat sich die, die er liebt, nicht ausgewählt nach ihren Tugenden. Ihr seid unter denen, die er liebt. So hütet euch vor der sterilen, kalten Moralwächterei, die unter euch Christen üblich ist und die gegen die Liebe ebenso verstößt wie gegen den Geist Gottes. Geht vielmehr davon aus, daß Gott über das Gerechte und das Ungerechte in euch selbst seine Sonne scheinen und seinen Regen fallen läßt. Und nur, wenn ihr tut, was Gott tut, wenn ihr also eure Sonne auch über das Böse in euch selbst scheinen und über das Ungerechte in euch euren segnenden Regen fallen laßt, könnt ihr es auch den anderen gegenüber.

Das klingt gefährlich. Aber ihr sollt diese Gefahr nicht scheuen. Ihr sollt euch nicht spalten in das Gerechte und das Ungerechte in euch. Ihr seid in beidem anwesend. Gott aber wird das tun, was ihr nicht selbst tun könnt. Er wird etwas geschehen lassen zwischen euch und dem anderen Menschen, das den Namen Liebe verdient. Und so wird er die Ungerechtigkeit in euch überwinden. So wird er bewirken, daß der Haß in euch selbst sich wandelt in Behutsamkeit und der Streit gegen euch selbst in Liebe zum anderen. Er wird euch heilen.

Wir meinen immer, wir müßten das Böse in uns unterdrücken, bekämpfen, vernichten, und kommen aus der Pose des Kämpfers und aus dem Geist des Hasses nicht heraus. Was aber am Ende gut sein wird, das wird durch den Geist Gottes geschehen.

Und was mit dem Bösen dabei geschieht, das sollen wir ihm überlassen. Wir haben nur eine Aufgabe: zu lieben und so in all das Kranke um uns her Heil zu bringen.

Wir können alle miteinander leben unter dem Himmel Gottes. Zwischen uns kann sich das Reich Gottes bilden. Und so, nur so, finden wir am Ende die Gestalt des Menschen, der nach dem Herzen Gottes ist, fähig, dem Reich Gottes unter den Menschen Raum zu geben.

Wo dieses Reich aber zwischen den Menschen Gestalt gewinnen soll, da geht es zum dritten um Befreiung, und zwar um eine Freiheit, die wir wiederum als außerordentlich gefährlich empfinden werden.

In welchem Verhältnis steht das Reich Gottes unter den Menschen zu allen den gewachsenen Gemeinschaften, die uns zunächst umgeben, tragen, bestimmen, festlegen und möglicherweise unfrei machen? Zu der Familie, in der wir aufwachsen, zu den Verpflichtungen, die das Kind an seine Eltern binden, zu der Verantwortung, die der eine dem anderen gegenüber trägt, nur weil er im selben Elternhaus aufwuchs wie seine Geschwister?

In dieser Frage herrscht viel Unklarheit, weil wir allzuleicht davon ausgehen, diese gewachsenen natürlichen Gemeinschaften seien auch das Zielbild jener Gemeinschaft, die unter den Menschen „Reich Gottes" heißen kann.

Im 12. Kapitel bei Mattäus lesen wir:

„Als Jesus noch zu dem Volk redete, da standen seine Mutter und seine Brüder draußen, die wollten mit ihm reden. Da sprach einer zu ihm: Siehe, deine Mutter und deine Brüder stehen draußen und wollen mit dir reden. Er antwortete aber dem, der es ihm ansagte: Wer ist meine Mutter, und wer sind meine Brüder? Und er streckte die Hand aus über seine Jünger und sprach: Siehe da, das ist meine Mutter, und das sind meine Brüder! Denn wer den Willen tut meines Vaters im Himmel, der ist mir Bruder, Schwester und Mutter."

Die kleine Episode ist grundlegender, als man ihr auf den ersten Blick anmerkt. Sie ist ärgerlich. Sie stört die „christliche" Idylle der heilen Beziehungen zwischen Eltern und Kindern, zwischen den Kindern untereinander.

Wenn das Reich Gottes zwischen den Menschen Gestalt annehmen soll, dann muß sich an den Beziehungen zwischen ihnen etwas ändern. Die bloße natürliche Verbundenheit genügt nicht. Die Über- und Unterordnung, die in natürlichen Beziehungen immer herrschen wird, gilt nicht. Die Verpflichtungen, die sich aus dem gegenseitigen Dienst der Glieder einer Familie ergeben, haben mit dem Gottesreich nichts zu tun. Die „christliche Familie", die uns so sehr wichtig ist, versperrt häufig gerade die Entstehung einer Gemeinschaft im Sinne Jesu.

Für Jesus hat das Reich Gottes mehr mit Wahlverwandtschaften als mit Blutsverwandtschaften zu tun. Nicht die sozialen Strukturen, in die ich hineingeboren bin, sagen mir auf die Dauer, was ich tun und wie und mit wem ich leben soll. Das Recht, mich beherrschen zu wollen, kann ich auf die Dauer weder Eltern noch Kindern noch Geschwistern einräumen. Soll sich meine Liebe in Unterordnung unter solche Beziehungen bewähren, so wird aus dem Liebesgebot ein Gebot zur Unterwerfung, zur Anerkennung von Herrschaft. Und auch wenn es uns schwerfällt: Alle innerfamiliären Duldungsparolen sind in der Gefahr, gegen den Geist der Freiheit zu sein, den Jesus meint.

Aber nicht nur die Kinder sollen sich von ihren Eltern lösen und frei werden, auch die Eltern sind nicht ihr Leben lang verantwortlich für das Tun und Lassen ihrer Kinder, und die Beziehung zwischen Eltern und Kindern bleibt ja nur dann ein Leben lang gesund und schön, wenn sie aufgrund einer neuen Begegnung erwachsener Menschen neu entstand, etwa durch eine freie Entscheidung der Kinder, sich ihren Eltern neu verbinden zu wollen.

Am Anfang des Gottesreiches unter den Menschen steht das Wort: Geh! Verlaß Vater und Mutter! Suche die Menschen, mit denen du aufgrund deiner freien Entscheidung verbunden sein kannst, und tu das Deine, daß um dich her die neue Familie entsteht, die Familie aus dem Geist, von der Jesus sagt: „Schaut hin, die sind mir Bruder, Schwester und Mutter!" Als ein Glied dieser neuen Familie wende deine Liebe jedermann zu, auf neue Weise auch denen, die dir auf natürliche Art verbunden sind.

Befreiungstheologie in diesem Sinn ist der Ruf zur unabhängigen, konkreten Liebe freier Menschen, die sich selbst entscheiden, wem künftig ihre Hingabe, ihre Treue und Zuverlässigkeit gehören sollen. Und sie steht und fällt mit dem Vertrauen, daß in solcher freien Hingabe etwas von Gottes Reich aufleuchten wird.

Am Ende geht es sehr irdisch um die Einübung des notwendigen Tuns, um Befähigung zum gemeinsamen Leben, um Bewährung in den Konflikten des Tages. Jesus zeigt einmal den Maßstab, an dem abzulesen ist, wer für das Reich Gottes und seine Gerechtigkeit auf dieser Erde etwas Wirkliches tue und wer nicht:

„Wenn aber der Menschensohn kommen wird in seiner Herrlichkeit, ... dann wird er auf dem Thron sitzen, und alle Völker werden vor ihm versammelt werden. Und er wird sie voneinander scheiden, wie ein Hirt die Schafe von den Böcken scheidet, und wird die Schafe zu seiner Rechten stellen und die Böcke zur Linken. Da wird dann der König sagen zu denen zu seiner Rechten: Kommt her, ihr Gesegneten meines Vaters, ererbt das Reich, das euch bereitet ist von Anbeginn der Welt! Denn ich bin hungrig gewesen, und ihr habt mir zu essen gegeben. Ich bin durstig gewesen, und ihr habt mir zu trinken gegeben. Ich bin ein Fremder gewesen, und ihr habt mich aufgenommen. Ich bin nackt gewesen, und ihr habt mich gekleidet. Ich bin krank gewesen, und ihr habt mich besucht. Ich bin im Gefängnis gewesen, und ihr seid zu mir gekommen. Dann werden ihm die Gerechten antworten: Herr, wann haben wir dich hungrig gesehen und haben dir zu essen gegeben? Oder durstig und haben dir zu trinken gegeben? Wann haben wir dich als Fremden gesehen und haben dich aufgenommen? Oder nackt und haben dich gekleidet? Wann haben wir dich krank oder im Gefängnis gesehen und sind zu dir gekommen? Und der König wird antworten: Wahrlich, ich sage euch: Was ihr getan habt einem von diesen meinen geringsten Brüdern, das habt ihr mir getan" *(Mattäus 25,31 ff.).*

Und danach spricht Jesus von den anderen, die den Geringsten das Gute nicht getan haben und damit ihn selbst verfehlten.

Es ist wichtig, daß wir die Absicht dieser Rede erkennen. Es geht nicht um die ferne Zukunft eines Gerichts. Es geht darum, daß die Hörer in der Stunde, in der sie Jesus zuhören, erkennen, auf welche Weise sie ihn künftig finden werden: in den Armen, Beladenen, Unfreien, Fremden, in denen also, mit denen sie zufällig zusammentreffen und die ihre Hilfe nötig haben. Sie werden also Gott dort suchen, wo er am wenigsten zu vermuten ist: in den Niederungen des menschlichen Elends, und sie werden das Ihre tun, wo am wenigsten Glanz zu erwarten ist. Wo ist Gott in dieser Welt? Jesus antwortet: in denen, die zugrunde gehen, wenn nicht etwas vom Reich Gottes um sie her entsteht.

Das Gleichnis vom barmherzigen Samariter geht noch einen Schritt weiter:

„Da stand ein Schriftgelehrter auf, forderte ihn heraus und sprach: ‚Meister, was muß ich tun, daß ich das ewige Leben ererbe?‘ Er aber sprach zu ihm: ‚Was steht im Gesetz geschrieben? Was liest du?‘ Er antwortete und sprach: ‚Du sollst den Herrn, deinen Gott, lieben von ganzem Herzen, von ganzer Seele, von allen Kräften und von ganzem Gemüt, und deinen Nächsten wie dich selbst.‘ Er aber sprach zu ihm: ‚Du hast recht geantwortet; tu das, so wirst du leben.‘

Er aber wollte sich selbst rechtfertigen und sprach zu Jesus: ‚Wer ist denn mein Nächster?‘ Da antwortete Jesus und sprach: ‚Es war ein Mensch, der ging von Jerusalem hinab nach Jericho und fiel unter die Räuber, die zogen ihn aus und schlugen ihn und machten sich davon und ließen ihn halbtot liegen. Es traf sich aber, daß ein Priester dieselbe Straße hinabzog; und als er ihn sah, ging er vorüber. Desgleichen auch ein Levit: als er zu der Stelle kam und ihn sah, ging er vorüber. Ein Samariter aber, der auf der Reise war, kam dahin; und als er ihn sah, jammerte er ihn; und er ging zu ihm, goß Öl und Wein auf seine Wunden und verband sie ihm, hob ihn auf sein Tier und brachte ihn in eine Herberge und pflegte ihn. Am nächsten Tag zog er zwei Silbergroschen heraus, gab sie dem Wirt und sprach: Pflege ihn; und wenn du mehr ausgibst, will ich dir's bezahlen, wenn ich wiederkomme. Wer von diesen dreien, meinst du, ist der Nächste gewesen dem, der unter die Räuber gefallen war?' Er sprach: ,Der die Barmherzigkeit an ihm tat.' Da sprach Jesus zu ihm: ,So geh hin und tu, was dem entspricht'" *(Lukas 10,25 ff.)*.

Zunächst scheint das Gleichnis zu meinen, in dem unter die Räuber Gefallenen sei jener Geringste zu sehen, in dem Christus gegenwärtig sein wollte. Aber das ist nicht das Ganze seiner Aussage. Der Schlüssel zu dieser Geschichte liegt in der seltsamen Umkehr von Frage und Antwort zwischen Jesus und dem Pharisäer. Am Anfang fragt der Pharisäer: Wer ist mein Nächster? Und Jesus antwortet mit der Geschichte, die klarstellen will: Der Nächste ist der, der dich braucht, vielleicht schon nach der nächsten Wegbiegung, und dessen Leben und Ergehen von deiner Hingabe und Zuverlässigkeit abhängen. Am Ende wendet Jesus die Frage um: Wer ist nun der Nächste für den, der unter die Räuber gefallen war? Und der Befragte antwortet sachgemäß die Frage umkehrend: Der die Barmherzigkeit an ihm tat.

Damit sagt Jesus: Wo jenes Gewebe sich knüpft, das „Reich Gottes" heißt, da bin ich in beiden Beteiligten gegenwärtig: in dem, der der Hilfe bedarf, und in dem, der die Hilfe bringt, und beide sind Gefährten des Schicksals je des anderen. Im Sehenden und im Wahrgenommenen ist gleichermaßen Gott anwesend, und so knüpft sich das Netz des Gottesreiches unter den Menschen.

Am Ende aber ergibt sich nicht etwa eine „christliche Moral", sondern die Lebenskunst, die im Reich Gottes gilt. Man kann sie als eine Anrede an uns etwa so formulieren:

Du hast kein Feindbild mehr nötig, um dir den Anschein eines guten Menschen zu verleihen. So nimm den anderen, wie er ist. Du brauchst keine Schlagworte und keine Propagandaphrasen.

Du brauchst nicht zu fürchten, du könntest dich selbst verlieren, und hast die Freiheit, dich selbst zu ändern, wenn du meinst, der andere solle sich um des Friedens willen ändern.

Du brauchst dich nicht zu fürchten. So tu das Deine, daß auch der andere sich vor dir nicht zu fürchten braucht.

Du weißt, daß Gott dich versteht. Nun kannst du dein Herz für den öffnen, der Verstehen sucht. Du hast die große Geduld Gottes erfahren. Laß nun auch dem anderen, auch deinem Gegner, Zeit und geh geduldig mit seiner Angst um.

Du bist unabhängig von fremder Herrschaft. So

gib dem Kaiser, was ihm zusteht, aber gib Gott dich selbst. Du kannst als ganzer Mensch voll und ungeteilt in den Verantwortungen deines Lebens stehen und brauchst nicht mehr zu trennen zwischen deiner Gesinnung und deiner Verantwortung, wie man es dir immer wieder empfehlen möchte.

Du hast die heilende Kraft Gottes erfahren und bist ein ganzer Mensch. Du kannst dich also von den Zweideutigkeiten menschlicher Rede freihalten. Du kannst dein Ja sprechen und dein Nein und dahinterstehen.

Du bist unbelastet von deiner Schuld. Gott hat sie dir abgenommen. Du hast es nicht mehr nötig, recht zu haben, und kannst gerecht urteilen über deinen Bruder. Du kannst das Gute gut und das Böse böse nennen, unabhängig davon, ob du dabei auf der Seite „der Guten" bleibst. Du kannst dich mit allen deinen Kräften für die Gerechtigkeit des Gottesreiches einsetzen und brauchst dich auch nicht zu fürchten, wenn es gefährlich werden sollte.

Alle deine Pläne, dein ganzes Lebenswerk und auch alle deine Versuche, dem Reich des Friedens und der Gerechtigkeit Gestalt zu geben, können scheitern, aber du bist getragen. Du kannst schwach werden, aber du brauchst nicht auf eigenen Füßen zu stehen. Alles kann dir genommen werden, aber nichts brauchst du festzuhalten. Es liegt dir, was du brauchst, ungefährdet in der Hand.

Und in alledem ist dir das Reich nahe, in deinem Herzen und in deiner Hand, in deinem Wort und in allem, was zwischen dir und den anderen Menschen geschieht.

Aber Jesus deutet noch eine andere Nähe zu dem Menschen an, der in seinem Namen wirkt. Er sagt: „Wer mir nachfolgt, der nehme das Kreuz auf sich, an das sie ihn hängen werden."

Es mag sein, daß einer versucht, andere von ihren Feindbildern zu befreien, und bemerkt, daß die Menschen ohne sie nicht leben können. Er nimmt ihnen, was sie brauchen, und sie nehmen ihn zum Ersatz als ihren Feind. Dann hört er von Jesus: Wenn du Frieden stiften willst, dann sei bereit, an dir selbst das Feindbild zu ertragen, das andere aus dir machen. Dann muß deine Liebe den Menschen gehören, die dich hassen. Ich aber werde bei dir sein. Es geht nicht um christliche Moral. Viel wichtiger als alle Moral ist, daß Christus in uns gegenwärtig ist und wir mit unserer bescheidenen Kraft sein Instrument sind.

Was macht ihr euch Sorgen um euch selbst? fragt Jesus. Was sorgt ihr euch um euer Leben oder um das Leben der Menschheit? Wirkt für den Frieden Gottes in dieser Welt und für die Gerechtigkeit, die er meint. Alles übrige wird euch zufallen.

Und so beginnt zwischen den Wetterwolken der große, wunderbare Ring, das Zeichen der Gegenwart Gottes, zu leuchten, das Zeichen, in dem wir sein Reich auch unter den Menschen schauen.

5. KAPITEL

Die Gemeinschaft der Heiligen

BLAU

Strahlende Unendlichkeit eines Himmels, der sich über der Erde wölbt, Weite über Luft und Meer, unbegrenzte Ferne und Tiefe, Transparenz eines reinen Tages. Farbe des Himmels, wie immer der Himmel auf dieser Erde erscheinen mag, des Windhauchs und des Atems und der weitgeöffneten, staunenden Seele.

Aber Blau – das ist auch die Tiefe der Seele selbst, ihre ruhende Aufmerksamkeit, der Raum von Hingabe und Geborgenheit, von Traum und Bewahrung und der Begegnung der Seele mit dem, was mehr ist als sie selbst.

Blau ist das Geheimnis der Taufe, des Abstiegs in das Mysterium, über dem sich der Himmel öffnet und Gottes Gegenwart erscheint.

Im leuchtenden Blau suchen wir, was uns Irdische mit dem Himmlischen verbindet, die Gemeinschaft der Vertrauenden, die die Grenzenlosigkeit der göttlichen Welt nicht fürchten. Es ist die Farbe jener durchscheinenden Klarheit, in der die Kraft Gottes in der Seele von Menschen wirkt, und der Weite, in die die Sehnsucht der Seele über alles Irdische hinausgreift.

Das Reich Gottes ist überall, wo Gott anwesend ist in einer der vielen Weisen seiner Gegenwärtigkeit. Von einer besonderen und eigenen, die bisher nicht betrachtet wurde, spricht Mattäus an drei Stellen seines Evangeliums.

Am Anfang berichtet er, ehe Jesus geboren wurde, habe Joseph, der Mann der Maria, im Traum ein Wort empfangen, das ihm die Bestimmung dieses Kindes deutete:

„Eine junge Frau wird schwanger sein
und einen Sohn gebären,
und man wird ihm den Namen geben:
Gott ist bei uns."
nach Mattäus 1

Im letzten Satz seines Buchs notiert er ein Wort des Auferstandenen an seine Freunde:

„Mir ist alle Gewalt gegeben
im Himmel und auf Erden.
Darum geht
und macht alle Völker zu Jüngern.
Tauft sie auf den Namen des Vaters
und des Sohnes und des Heiligen Geistes
und lehrt sie leben nach allem,
was ich euch geboten habe.
Ich aber bin bei euch alle Tage
bis an der Welt Ende."
Mattäus 28,18 ff.

Mitten in seinem Evangelium aber knüpft Mattäus das Band zwischen Anfang und Ende, indem er den Namen „Gott mit uns" und jenes letzte Wort verbindet:

„Wo zwei oder drei versammelt sind
in meinem Namen,
da bin ich mitten unter ihnen."
Mattäus 18,20

Auf seinen Namen hin werden sie sich versammeln, und er wird bei ihnen sein – sein Name heißt ja: „Gott ist bei uns". Indem sie so anwesend sind vor Gott, empfangen sie Auftrag und Vollmacht, an seiner Stelle zu tun, was um des Reiches Gottes willen auf dieser Erde zu tun sein wird. Und so ist ihre kleine Gemeinschaft je und dann eine besondere Gestalt des Gottesreiches. Es entsteht die Kirche.

Eine kleine Episode am Rand der Weihnachtsgeschichte spricht von ihrem allerersten Anfang:
In der Zeit, als Maria ihr Kind erwartete, wanderte sie von Nazaret ins judäische Bergland nahe Jerusalem und besuchte ihre Base Elisabeth, die ihr Kind, Johannes den Täufer, erwartete.

„Und es begab sich,
als Elisabeth den Gruß der Maria hörte,
bewegte sich das Kind in ihrem Leibe.

Und Elisabeth wurde erfüllt
von heiligem Geist
und rief Maria entgegen:
Gepriesen seist du unter den Frauen
und gepriesen dein Kind! ...
Selig bist du, daß du geglaubt hast,
denn es wird alles geschehen,
wie es dir der Herr angekündigt hat.
Und Maria antwortete:
Meine Seele erhebt den Herrn,
und mein Geist freut sich Gottes,
meines Heilandes ..."
Lukas 1,41 ff.

Zwei Frauen, beide gesegneten Leibes, finden einander, halten sich aneinander fest, machen einander Mut. Beide haben es nötig. Die eine, weil sie alt ist und die Frau eines alten Mannes und den Spott der Leute fürchtet, die andere, weil sie von einer ungeheuren Anrede getroffen wurde und Hilfe und Verständnis einer liebevollen, weise gewordenen Frau braucht.

Als der Engel Maria ihr Kind ankündigte, zeigte er ihr zugleich die Hilfe, die sie suchen darf: Geh zu Elisabeth, sie hat eine ähnliche Erfahrung gemacht! Und Maria macht sich auf die Reise und weiß: Da ist eine Frau, die mir beistehen wird. Es ist kein Zufall, daß gerade diese Szene von den Malern in vielen Jahrhunderten der christlichen

Geschichte mit so viel Liebe gemalt worden ist, wie Elisabeth die junge Frau umarmt, als sagte sie: Das hat dir doch schon der Engel gesagt. Du bist nicht allein. Unser beider Geschick ist von Gott!

„Und Elisabeth wurde erfüllt von heiligem Geist." Ihr wird nicht nur die Kraft gegeben, zu trösten und beizustehen, sondern auch die Hellsichtigkeit, das Kommende zu deuten. Maria aber, die gehört hatte: Dein Kind ist „aus dem heiligen Geist", kann plötzlich aus aller Verzagtheit einen Lobgesang anstimmen, das berühmte „Meine Seele erhebet den Herrn". Wenn aber in jenem Land zur damaligen Zeit Frauen ein Lied anstimmten, dann war es undenkbar, daß sie dabei saßen oder standen. Ein Lied wurde immer zum Tanz gesungen. Und so stelle ich mir die erste „Versammlung im Namen Jesu" vor als zwei Menschen, die einander fassen und zur Ehre Gottes und aus dankbarer Fröhlichkeit tanzen. Maria sang ihren Psalm – und das Kind, das Kind Christus, das erwartete, war mitten unter ihnen.

In den beiden Frauen erscheint zum ersten Mal jene Gemeinschaft der Heiligen, die keiner Organisation bedarf, keines vorgeschriebenen Rituals, keines sakralen Beiwerks, keiner Hierarchie, die den Geist Gottes vermitteln müßte. Da weht der Geist, wo er will, man fühlt ihn, man gibt ihm Raum, man läßt sich von ihm bewegen. Da entstehen die Feier und das Fest, die Musik und die Kunst, der Hymnus, das Gebet und das dankbare Bekenntnis.

Soll die Frau „schweigen in der Gemeinde"? Ich kann mir denken, daß Paulus Gründe hatte, dies zu fordern, aber wir müssen ihm an dieser Stelle widersprechen. Lange, ehe Paulus Christus begegnete und seine Gemeinden gründete, haben zwei Frauen, vom Geist Gottes erfüllt, in einer Urzelle der Kirche das Wort ergriffen, frei, unbekümmert, allein legitimiert durch Gott selbst.

Kirche ist dort, wo der Geist Gottes Menschen bewegt. Wo zwei oder drei oder auch tausend mit dem besonderen Mysterium einer begnadenden Nähe Gottes in Berührung geraten. Niemand kann festlegen, auf welche Weise das geschehen solle. Aber es gibt drei Grenzerfahrungen, an denen besonders deutlich wird, auf welche Weise sich jene Nähe Gottes, die wir das „Reich" nennen, bei uns einstellt:

Wir werden getauft und empfangen das Wesen und Gepräge des Christus, seiner Gestalt, seines Worts und seines Weges. Das ist das erste.

Wir empfangen unsere besondere Gabe von Gott, mit der wir wirken können für sein Reich, finden die Gemeinschaft der anderen, die ihre Gabe empfangen haben, und kommen an den Tisch derer, die im Namen des Christus versammelt sind. Das ist das zweite.

Wir gehen den Lebensweg entlang, der uns vorgezeichnet ist, und sehen vor uns das Land, das wir nach unserem Tode betreten werden. Der Geist Gottes öffnet uns die Augen, und wir sehen hinüber in die größere Welt. Wir leben in der Erwartung der Auferstehung. Das ist das dritte.

Gott spricht uns an, und wir hören ihn und betreten dankbar den Raum seines Reiches, dessen irdische Spiegelung wir „Kirche" nennen.

Wenden wir uns zunächst der Taufe zu. Was macht sie so wichtig?

Als Jesus noch jung und unbekannt war, fing Johannes „der Täufer" an, im Jordan unten die Menschen zu taufen, indem er ausrief: Kehrt um, macht einen neuen Anfang! Das Reich der Himmel ist nahe. Als aber Jesus selbst anfing, vom Reich Gottes zu sprechen, kam er aus Galiläa an den Jordan und ließ sich von Johannes taufen. Als er im Wasser stand, da – so wird das Ereignis von denen gedeutet, die es miterlebten – tat sich der Himmel auf, der Geist fuhr herab, wie sich eine Taube herabschwingt, und eine Stimme sprach: „Das ist mein lieber Sohn. An ihm habe ich Wohlgefallen" *(Mattäus 3)*.

In der Zeit, als Jesus erkannte, daß die Menschen sich dem Gottesreich verweigern würden und sein Weg ihn ins Leiden führe, da zeigte er seinen Freunden,

„wie er nach Jerusalem gehen müsse
und viel leiden ... und getötet werden
und am dritten Tage auferstehen."
Mattäus 16,21

148

Und er fügte hinzu:

„Ich muß mich taufen lassen mit einer Taufe, und wie ist mir so bang, bis sie vollendet ist."
Lukas 12,50

Die Taufe war ihm das Bild seines Weges von der Stunde seiner Berufung an über die Jahre seiner öffentlichen Wirksamkeit in die Tiefe des Leidens und Sterbens bis in den Morgen seiner Auferstehung und Heimkehr.

Taufen wir nun ein Kind, so bringen wir es zunächst ganz schlicht dorthin, woher es kommt, nämlich zu Gott, danken seinem Schöpfer für das kostbare Geschenk und vertrauen es ihm für die Zeit seines Lebens auf dieser Erde an. Und so taufen wir es „auf den Namen des Vaters".

Wir bitten Christus, er möge diesem beginnenden Menschenschicksal das Gepräge seiner Gestalt und seines Weges verleihen. Er möge diesem Kind die Kraft geben, während seines irdischen Lebens für das Reich Gottes zu wirken, im Großen oder im Kleinen. Er möge ihm nahe sein, wo es sich ängstet, wo es leidet, wo es schuldig wird, und ihm seinen Weg zeigen auf den Tag zu, an dem es aus dem Tode auferstehen wird. Und so taufen wir es „auf den Namen des Sohnes".

Wir bitten Gott, er möge im Herzen dieses Kindes die Freude und Zuversicht wecken, die es braucht, um glücklich zu sein. Er möge es zu einem Instrument seiner Liebe machen, ihm den Reichtum seiner Gaben verleihen, seinen Geist. Und so taufen wir es „auf den Namen des Heiligen Geistes".

Wir nennen seinen Namen, denn es ist unverwechselbar, und in seinem Namen sind sein Schicksal, seine Bestimmung und seine Besonderheit eingeschlossen. Wenn wir heute davon sprechen, ein Mensch müsse seine „Identität" finden: die Nennung seines Namens in der Taufe ist der Schlüssel dazu.

Sie ist zugleich der Anfang seiner Freiheit. Paulus schreibt:

„Ihr seid alle Gottes Kinder in Jesus Christus.
Hier ist keiner mehr Jude oder Grieche.
Hier ist keiner mehr Sklave oder Freier.
Hier ist niemand mehr Mann oder Frau.
Ihr seid allesamt geprägt durch Jesus Christus und so einander gleich."
Galater 3,26 ff.

Und so wiederholen wir dem Kind gegenüber, was uns selbst von Gott zugesprochen wird: Gott liebt dich, du Menschenkind. Du kommst von ihm. Du bist ihm wert. Er führt dich auf deinem Weg. Du kehrst zu ihm zurück, und er nimmt dich auf. Und wenn dein Weg durch sehr viel Dunkel führt, dann begegnet er dir dort in der Gestalt des leidenden Christus. Er spricht dich an, und was er dir sagt, das ist das Licht auf deinem Weg. Denn du sollst Christus nicht nur ähnlich sein in seiner Leidensgestalt, sondern auch in der Gestalt seines neuen Lebens bei Gott. Wo immer du sein wirst – um dich her ist Gottes Reich.

Das zweite Merkmal des Gottesreiches in der besonderen Gestalt, die es in der Gemeinschaft der Kirche annimmt, sind die „Gaben des Geistes", die Befähigungen, die uns verliehen sind. Denn die innere Lebendigkeit der Kirche rührt von den Kräften her, die der Geist Gottes in ihr weckt, den sogenannten „Charismen".

Paulus schreibt:
„Es gibt viele Gaben, aber nur einen Geist.
Es gibt verschiedene Ämter,
aber nur einen Herrn.
Es gibt viele Kräfte,
aber einen Gott nur, der alles bewirkt.
In jeder besonderen Gabe offenbart sich
der Geist zum Nutzen aller.
Dem einen ist die Weisheit der Rede verliehen,
dem anderen die Erkenntnis Gottes
und seiner Geheimnisse.
Ein dritter lebt im schlichten Glauben
und hat so festen Stand,
ein vierter hat die Gabe,
auf geistigem Wege Kranke zu heilen,
ein fünfter zeigt, wie Gottes Kräfte
das sichtbare Leben durchwirken
und wunderbare Dinge geschehen können,

151

ein sechster hat die Gabe, zu Fragen der Zeit
kundig und konkret zu reden
und zu sagen, was jetzt zu tun sei.
Ein siebter hat die Einsicht
in das Wesen und Wirken
unsichtbarer Mächte,
ob sie hilfreich und segnend
oder gefährdend und zerstörend wirken.
Ein achter hat die Gabe
der geistigen Wahrnehmung,
der Ekstase und der ekstatischen Rede,
ein neunter die, neben ihm zu stehen
und den anderen zu sagen,
was dies alles bedeute,
was er schaue und was er sagen wolle."
1. Korinther 12,4 ff.

Das alles sind Fähigkeiten, die in der Gemeinschaft der Kirche lebendig werden können.

Wie aber finden wir die Gabe, die uns in besonderer Weise verliehen ist? Vielleicht müßten wir
damit beginnen, uns zu prüfen, bei welcher Betäti-
gung etwas in uns anfängt zu leben, bei welcher
nicht. Bei welchem Tun oder Lassen etwas in uns
wächst. Es könnte ein erster Hinweis sein auf die
Befähigung, die uns mitgegeben ist und die wir
einbringen könnten in das gemeinsame Leben.
Vielleicht ist es die Gabe des Zutrauens in den
anderen Menschen, den leidenden, oder die Gabe
der Klugheit, oder die Fähigkeit, zu trösten, zu

mahnen, zu führen, oder die Sensibilität des Verstehens, Geduld, Barmherzigkeit, Freundlichkeit. Gaben des Geistes sind die Fähigkeit, zu lehren, Gespräche zu führen und Hilfe zum Leben zu geben. Eine Gabe des Geistes ist die schöpferische Phantasie, die dem Leben seine Farbigkeit, sein Licht, seine Schönheit gibt. Und sie reicht bis zu der Fähigkeit, Unsichtbares zu schauen, Unhörbares zu hören, Unaussprechbares auszusprechen oder das Kommende öffentlich anzusagen. Gaben des Geistes drücken sich in Dienstgemeinschaften aus oder in einsamer Prophetie.

Am Ende aber sagt Paulus: „Die vornehmste Gabe der Gnade Gottes ist die Liebe", und beschreibt sie in seinem großen Hymnus (1. Korinther 13). Mit diesen Fähigkeiten und Begabungen steht und fällt die Kirche, mit ihnen lebt sie. Ohne sie ist sie tot. Alle aber haben den Sinn, in das gemeinsame Leben und Wirken der Kirche einzugehen. Sie vereinigen sich dort, wo Menschen sich an einem Tisch versammeln und im Namen Jesu das Mahl feiern, das sie mit ihm verbindet und untereinander zusammenschließt.

Es ist nicht nötig, daß in den Kirchen oft so einseitig gewertet wird, es muß nicht sein, daß besonders auch Frauen unter der Enge zu leiden haben, in der bei uns Fähigkeiten bejaht oder verneint werden, gewünscht oder unterdrückt, und daß so unendlich viele lebendige Kräfte verkommen oder vergeudet werden.

Vor allem aber haben wir das viel zu selten ergriffene Recht, zu sagen: Auch mir ist Geist aus Gott verliehen!

Als Paulus einmal ins Gedränge kam, weil die Autoritäten seiner Kirchen ihm seinen besonderen Weg verbieten wollten, da tat er einen Sprung ins Freie und sagte: „Ich bin zwar kein Apostel wie die anderen. Ich achte aber, ich habe auch den Geist Gottes" *(1. Korinther 7,40)*. Und wenn die Kirche ihre Kraft, das Reich Gottes zu verkörpern, bewahren will, darf diese Freiheit nicht aussterben. Auf sehr neue Art gilt das vor allem auch für die Frauen. Warum sagen gerade die Frauen in der Kirche das nicht öfter: Auch uns ist der Geist Gottes gegeben?

Denn wir sind ja berufen, Instrumente des Geistes Gottes zu sein und nicht weniger. Wir sind berufen, uns inspirieren zu lassen, offen zu sein nach oben gleichsam für das, was Gott durch uns wirken will. Und wir sollen uns wandeln in Bilder des Christus. Wir sollen Menschen sein nach seinem Bild und sollen seinen Namen tragen, so daß Gott in uns mitten in dieser Welt steht.

Denn wer Gottes Geist in Anspruch nimmt, resigniert nicht. Er sagt nicht: Ich bin zu schwach, etwas zu bewirken. Er weiß sich als Instrument des Geistes. Er resigniert nicht, wenn er die Kirche anschaut. Ist es denn gar nichts, daß es noch Stimmen gibt auf dieser Welt, die nicht nach den Launen ihrer Epoche reden müssen und nicht dem zeitgenössischen Beifall nach dem Munde? Er resigniert nicht, wenn er die Welt sieht. Er sagt nicht: Diese Welt geht ja doch ihrem Untergang entgegen, sondern: Wenn diese Welt noch leben soll nach Gottes Willen, dann helfe ich, daß sie lebt. Wenn diese Welt untergehen soll, dann wirke ich so lange für ihr Leben, bis Gott ihr ein Ende setzt. Gott hat mir Kräfte gegeben, also nehme ich sie in Anspruch und vertraue darauf, daß nichts vergeblich ist, was in Güte und Glauben in dieser Welt getan wird.

Wir sind keineswegs ohnmächtig. Wir können. Wir wissen. Wir handeln. Wir trauen uns etwas zu. Wir sind freilich nicht allmächtig. Wir haben Grenzen unserer Begabung und Befähigung. Wir haben weder das eine noch das andere nötig: weder die Resignation noch die Allmachtsphantasie. Und so glauben, nein, so sehen wir die eine heilige Kirche, die Gemeinschaft der Heiligen, Ort des Reiches Gottes unter den Menschen.

Das dritte Merkmal der Nähe des Gottesreichs in der „Gemeinschaft der Heiligen" ist die Gespanntheit auf die Auferstehung der Toten hin.

„Wie kommt es denn", fragt Paulus seine Leser,
„daß einige von euch sagen:
Es gibt keine Auferstehung der Toten?
Wenn es sie nicht gibt,
hat es auch keinen Sinn,
von der Auferstehung des Christus zu reden.

155

Dann aber könnt ihr euren Glauben
vergessen.
Dann seid ihr noch in euren Sünden
gefangen ...
Hoffen wir allein in diesem Leben
auf Christus,
dann sind wir die ärmsten
unter allen Menschen."
1. Korinther 15,12ff.

Im Laufe der Jahre werden wir alt. Unser Körper wird schwächer und hinfälliger, und es wird unsere Aufgabe sein, uns mit seiner schwächer werdenden Leistung einverstanden zu erklären. Einverstanden mit seinen Krankheiten und seiner Hinfälligkeit. Einverstanden mit der beginnenden Verwandlung, die an uns geschieht. Was geschieht denn am Ende mit uns? Was kommt auf uns zu?

Eine Rückkehr in das Leben auf dieser Erde gewiß nicht. Überhaupt keine Rückkehr. Was kommt, trägt einen anderen Namen: den Namen Auferstehung.

Der Übergang vom Leben in den Tod ist ja fließend. Vieles im Leben ist in Wirklichkeit schon Tod, und vieles, das nach Abnehmen und Sterben aussieht, ist voll Leben. Man lernt als Christ im Lauf seines Lebens die Dinge und die Menschen anders erfahren. Man erlebt, wie der Raum zum Leben enger wird, und man gewinnt zugleich den Blick über die enger werdenden Grenzen hinaus.

Wir sind gewöhnt, unsere tätigen Jahre lang alles von unseren Gedanken zu erwarten, von unserem Bewußtsein. Wir sagen: Ich bin, was ich von mir weiß. Ich bin der, der Ich sagt. Ich bin der, der will und handelt, der gestaltet und kämpft. Das ist naiv, gewiß, aber es mag, solange wir jung und tätig sind, hingehen, obwohl es zu keiner Zeit unseres Lebens die ganze Wahrheit ist. Aber wir sind viel mehr, als wir von uns selbst wissen. Unsere Welt ist größer, als wir je erfassen können, tiefer und geheimnisvoller. Und wir selbst sind größer, als wir meinen, geheimnisvoller, feiner organisiert. Uns kann sich im Laufe der Jahre durchaus der große und weite Raum der Freiheit öffnen, und wer diese Freiheit einmal geatmet hat, der hat alle Panik hinter sich. Der geht seinen Weg in gelassener Erwartung. Der weiß, daß er einen engen Weg vor sich hat aus diesem Leben hinüber in ein anderes und daß sich hinter dem dunklen Torweg eine neue Welt öffnet. Was wissen wir darüber? Im Grunde nur dies, daß uns da aufs neue Christus begegnen wird, eine Lichtgestalt, von der unendliche Liebe ausgeht. Mehr ist nicht nötig.

Aber was wird aus uns selbst? Paulus sagt: Das kannst du durchaus ahnen. Nimm ein Samenkorn in die Hand. Wirf es in die Erde. Wenn ihm Leben bestimmt ist, sieht es für einen Augenblick so aus, als würde es sterben. Das Korn geht zugrunde. Aber dann schafft Gott ein neues Wesen aus ihm. Ein anderes. Es ist noch das Korn, das nun wächst, und ist es doch nicht. Die Gestalt, die es annimmt, ist anders. Aber es ist wieder eine Gestalt, in der das Korn aufs neue auflebt (vergleiche *1. Korinther 15,35 ff.*).

Du wirst, sagt das Neue Testament, einen neuen Namen bekommen, geschrieben auf einen weißen Stein. Aber es wird dein Name sein. Du bist nicht mehr der alte und bist es doch. Deinen neuen Namen kennt niemand, nur du selbst wirst ihn hören *(Offenbarung 2,17)*.

Und was werden wir tun? Ich meine, es sei eins der großen, tiefsinnigen Gleichnisse, wenn wir hören: Du wirst Gott preisen. Und ich meine andererseits, dies sollten wir uns nicht vorstellen wie Ludwig Thomas „Postmeister im Himmel", daß da bei himmlischer Ruhe Manna gegessen und Halleluja gesungen werde. Das Reich Gottes ist pulsierendes, lebendiges Leben, eine Welt voll schöpferischer Kraft und Bewegung, voll lebendigen Geistes. Das Reich Gottes und seine Gestaltung, davon bin ich überzeugt, geht weiter. Auch für uns. Wir werden an ihr beteiligt sein. Wir werden neue Aufgaben finden, neue Verantwortung, ein neues Tun und Wirken. Und wieder wird das Reich Gottes um uns her und in uns ein Reich im Werden sein, ausgerichtet auf eine ferne Vollendung, von der wir jetzt nichts wissen können.

Inzwischen leben wir in der Übergangszone zwischen den verschiedenen Gestalten des Gottesreiches. Im Übergang auch zwischen der Gemeinschaft der Heiligen und der kommenden Welt. Im Übergang in die Freiheit. Wir stehen an den Ufern dessen, was wir Wirklichkeit nennen, und schauen hinaus über einen ungeheuren Raum in eine unendliche Wirklichkeit. Wir wandeln uns, indem wir schauen, in unser neues Dasein hinüber.

Aber für unser irdisches Werk ist es entscheidend, ob wir diesen Platz am Ufer der Wirklichkeit dieser Erde und Welt kennen. Und ob unter uns die Gemeinschaft der Heiligen entstehen kann oder nicht, diese besondere Form des Gottesreiches, das liegt daran, ob uns diese Erde und diese Kirche alles sind oder nur der Anfang eines größeren Daseins.

Wir brauchen nicht alles zu wissen. Wir denken in Bildern und ahnen zugleich, daß alles noch einmal anders kommen wird, als unsere Bilder es sich ausmalen. Wir müssen nicht alles verstehen, aber wir können offen sein für Neues und Unbekanntes. Und so üben wir uns in unserem kleinen Umkreis auf dieser Erde ein in die Erfahrung des Gottesreiches, in die Erfahrung immer wieder einer anderen seiner Gestalten.

Wir reden von der Kirche. Aber welche meinen wir unter den unzähligen Kirchen und Gemeinschaften und Konfessionen? Wo und wer ist denn die wahre Kirche? Leben wir nicht in einer Kirche, die nach allen Richtungen aufgerissen ist, aufgetrennt, aufgeteilt nach Bekenntnissen und Gruppen?

Wenn wir fragen, wo denn die Grenzen der Kirche seien, so ist die Antwort einfach: Die Kirche hat keine Grenzen. Sie ist in ihrem geistlichen Sinn nicht ein besonderer Bezirk in dieser Welt, sie ist die Menschheit, soweit immer sie ein Wort von Gott hört und aufnimmt. Ergeht in der Kirche nicht das Wort von Gott, so ist sie nicht die Kirche. Ergeht das Wort außerhalb der Kirche, so ist die Kirche draußen vor ihren eigenen Toren.

Wenn wir fragen, wie wir denn nun mit ihrer Zersplitterung umgehen sollen, so antwortet uns eine Geschichte aus dem Johannesevangelium:

„Auf einer Reise kam Jesus in eine Stadt Samarias, nahe bei dem Feld, das der Erzvater Jakob vor über tausend Jahren seinem Sohn Joseph gegeben hatte. Dort war auch der Brunnen Jakobs.

Als nun Jesus müde war von der Reise, setzte er sich auf den Brunnen, und es war um die sechste Stunde. Da kam eine Frau aus Samaria, Wasser zu schöpfen. Jesus bat sie: Gib mir zu trinken. Da antwortete die samaritische Frau: Wie kannst du mich bitten, dir zu trinken zu geben; du bist doch ein Jude und ich eine samaritische Frau? Denn die Juden haben keine Gemeinschaft mit den Samaritern.

Jesus antwortete: Wenn du die Gnade Gottes begreifen würdest, wenn du verstündest, wer der ist, der zu dir sagt: Gib mir zu trinken – du würdest die Bitte umkehren und sagen: Gib du mir zu trinken! Denn wer von diesem Wasser trinkt, den wird wieder dürsten. Wer aber von dem Wasser trinkt, das ich ihm gebe, den wird ewig nicht dürsten, sondern umgekehrt: Das Wasser, das ich ihm gebe, das wird in ihm selbst zu einer Quelle werden, die in das ewige Leben einmündet!

Da fragte ihn die Frau: Wie ist das? Unsere Väter haben auf diesem Berg angebetet. Ihr sagt, in Jerusalem sei der Tempel, in dem man anbeten solle. Jesus antwortete: Frau, glaube mir, es kommt die Zeit, da werdet ihr weder auf diesem Berg noch in Jerusalem den Vater anbeten... Es kommt die Zeit, und sie ist schon jetzt da, in der die wahrhaftigen Anbeter den Vater anbeten werden im Geist und in der Wahrheit. Denn solche Menschen will Gott, die ihn so anbeten. Gott ist Geist, und die ihn anbeten, die müssen ihn im Geist und in der Wahrheit anbeten.

Die Frau antwortete ihm: Ich weiß, daß der Christus kommen wird. Der wird es uns alles verkündigen. Und Jesus schloß das Gespräch ab: Ich bin es, der jetzt mit dir redet" *(Johannes 4,5–26)*.

Jesus auf der Wanderung. Er geht zu Fuß vom Süden nach dem Norden seines Landes und kommt dabei durch das Gebiet zweier Konfessionen des mosaischen Glaubens: der Juden und der Samaritaner. Und es heißt, Jesus sei müde gewesen. Müde wie mancher von uns, der sich sein halbes Leben darum bemüht hat, die christlichen Kirchen und

161

Konfessionen einander näherzubringen, und der doch keinen Fortschritt sieht.

Als junger Student, eben aus dem Krieg nach Hause gekommen, habe ich 1946 die erste ökumenische Eucharistiefeier miterlebt. Das ist fast vierzig Jahre her. Ein orthodoxer Bischof, ein römisch-katholischer Abt und ein evangelischer Kirchenpräsident feierten miteinander. Es war ein Osterfest, und wir erlebten den Tag wie eine Auferstehung nach dem Ende der alten Konfessionsgeschichte.

Und was hat sich inzwischen bewegt? Außer Absichtserklärungen erlebe ich kaum etwas, das über jenen Tag wirklich hinausgeführt hätte. Die Frucht von fast vierzig Jahren hingebender Bemühungen vieler Menschen scheint vertan zu sein. Man wird dabei manchmal ein wenig müde und setzt sich im Bereich der anderen Konfession auf den Rand eines Brunnens und hofft, daß da endlich die Stimme durchdringt, die sagt: Ich habe lebendiges Wasser für dich.

Die Geschichte beginnt damit, daß Jesus, der Wanderer zwischen den Konfessionen, um schlichtes Wasser bittet. Eine Frau steht da. Und Jesus mutet ihr zu, aus den Sitten und Gesetzen ihrer samaritanischen Konfession herauszutreten und einen fremden Menschen wahrzunehmen. Sie soll ihr religiöses Feindbild ablegen und den Fremden wenigstens soweit lieben, daß sie ihm Wasser reicht. Aber sie wundert sich zunächst nur: Warum und mit welchem Recht erwartet dieser konfessionsfremde Mensch etwas von mir?

Jesus antwortet ihr: Darin, daß ich etwas von dir erwarte, liegt eine Gnade Gottes. Mach deine Augen auf; in jedem, der etwas von dir erwartet, begegne ich dir, ich, Christus. In jedem Menschen, der deine Gastfreundschaft sucht, bin ich. Und du konfessionsgeschädigter Christ: Ich bin nicht nur in den Elementen der Eucharistie, wo immer sie von Hand zu Hand gehen. Ich bin auch in den Menschen, denen du das Brot gibst oder verweigerst.

Wie absurd, wenn da zwei am Brunnen des lebendigen Wassers sitzen und der eine zum anderen sagt: Du darfst mit mir essen und trinken, ich habe die wahre Christusgemeinschaft. Aber ich kann es nicht mit dir, denn du hast die wahre Christusgemeinschaft nicht!

Ich komme als Fremder zu dir, sagt Christus. Wenn du mich erkennen könntest, wäre dir klar, daß es nicht auf das ankommt, was du mir gibst, sondern auf das, was ich dir gebe: quellfrisches Wasser. Der, dem du geben sollst, ist zugleich der, von dem du das Leben hast. Und das wird dir zu einer Quelle, zu einem Strom der Liebe und des Lebens, der in das ewige Leben einmündet.

Das gilt dir, du Protestant. Von dem Fremdling, der in Christus ist, empfängst du die eigentliche Gabe, von der du lebst, das Leben aus Gott. Das gilt dir, du Katholik. Von dem Fremdling, in dem Christus ist, empfängst du die eigentliche Gabe, von der du lebst, das Leben aus Gott. Ihr beide empfangt voneinander nicht weniger als Christus selbst.

Da sagt nun die Frau am Brunnen in Samarien: Aber das geht doch nicht! Man kann doch nicht einfach über die Wahrheit hinweggehen. Was wahr ist, muß doch wahr bleiben! Und die Wahrheit kann doch nicht auf allen Seiten sein. Entweder haben die Leute in Jerusalem recht oder die Leute in Samarien auf dem heiligen Berg Garizim. Entweder haben die Evangelischen recht oder die Katholiken. Aber doch nicht beide! Wie ist das nun: Unsere Väter haben gesagt, man müsse Gott auf diesem Berg anbeten. Die Juden sagen: in Jerusalem. Was ist wahr?

Da antwortet Jesus: Ich sage dir, es kommt die Zeit, da werdet ihr euren religiösen Mittelpunkt weder hier noch dort haben, weder auf diesem Berg noch in Jerusalem, weder in Wittenberg noch in Rom noch in Genf noch in Konstantinopel oder sonstwo. Ihr werdet nicht mehr meinen, man müsse, um Gott würdig zu verehren, sich an einem heiligen Ort orientieren, an einer Lehre, an einem Kirchengesetz, an einem Oberhaupt. Es kommt die Zeit, da werden die wahren Anbeter des Vaters ihn verehren im Geist und in der Wahrheit.

Und diese Zeit, sagt Jesus, diese Zeit ist schon jetzt, da ich mit dir rede. Die Orte, an denen ihr euch orientiert, die Autoritäten, an denen ihr euch ausrichtet, sind schon jetzt, nämlich damit, daß ich mit dir rede, überholt, vergangen, wesenlos.

Gott will, daß wir ihn in der Wahrheit anbeten, sagt Jesus. Ich bin die Wahrheit, sagt er. In mir werdet ihr den Vater anbeten. Wenn aber Christus die Wahrheit ist, dann werden wir der Wahrheit nicht dienen können, indem wir für die Wahrheit streiten, die Wahrheit etwa in der Gestalt einer Konfession. Wer für die Wahrheit eintritt, die Christus heißt, hat keinen Feind. Wer noch im Streit für die Wahrheit eintritt, verkündet nicht das Evangelium.

Die Wahrheit ist ein Licht. Wahrheit stellt man auf einen Leuchter. Wahrheit läßt man strahlen. Die Wahrheit ist kein Knüppel. Mit Wahrheit schlägt man nicht zu. Wer mit der Wahrheit zuschlägt, hat nicht die Wahrheit als Waffe in der Hand, sondern sein eigenes ungereinigtes Wesen. Wahrheit macht frei, Wahrheit fesselt nicht, Wahrheit engt nicht ein. Wahrheit nimmt Lasten ab, so gewiß Christus sagt: Ich nehme euch eure Last ab. Ein Wort, das Christus einem Menschen eingibt, ist daran kenntlich, daß es irgendeinem Menschen eine Last abnimmt. Wahrheit ist, wo der Horizont weit und frei wird, wo die Probleme der Menschheit transparent werden, wo das Leid gesehen wird und die Angst sich löst. Die Wahrheit ist keine Mauer, Wahrheit trennt nicht, das tun nur die kleinkarierten Wahrheiten der Menschen. Wahrheit ist ein Weg. Ich bin der Weg, sagt Jesus. Wahrheit ist eine Brücke. Die Wahrheit verkündigen heißt über eine Brücke zu anderen Menschen hinübergehen, wie

Christus hinübergehen über den tiefen Abgrund des Hasses, hinüber zu der Frau am Brunnen in Samaria.

Gott will, sagt Jesus, daß wir ihn im Geist anbeten. Der Geist Gottes hat seine Besonderheit darin, daß er sich auf die Erde herabbegibt, daß er dorthin absteigt, wo Menschen oder andere Geschöpfe Gottes sind, und daß er dort unten, auf unserer Erde, Leben gibt, Kraft, Glauben, Hingabe, Liebe, Hoffnung. Er kommt wie der Tau des Himmels von oben und macht die Erde fruchtbar und das Herz lebendig. Gottes Geist schwebt über dem Chaos, und es gestaltet sich eine Welt. Er kommt über einen Propheten, und der Prophet spricht über soziale Fragen oder praktische Politik. Er kommt zu einer jungen Frau, und die Frau bringt ein Kind zur Welt. Er fährt herab, und aus einem traurigen, ratlosen Haufen von Menschen entsteht die Kirche. Der Geist Gottes sagt: Steig ab, du Christ. Nimm die Menschen an. Nimm die Erde an. Nimm auch deine Kirche an, die sich so tief in dem lichtlosen Keller ihrer Eigensüchteleien, ihrer konfessionellen Eitelkeiten, ihres ungeistlichen Stehvermögens befindet.

Du kannst Hoffnung für sie haben. Denn es ist Christus, der mit dir absteigt zu den Gefesselten, um sie frei zu machen, zu den Blinden, um ihnen das Licht zu bringen, zu den Gefangenen, um ihnen eine Tür aufzutun, zu den Armen, um sie zu beschenken. Die Gefesselten aber, die Blinden, die Gefangenen, die Armen sind wir, die sich einmauern lassen in ihr konfessionelles Gefängnis.

Am Ende der Geschichte sagt die Frau am Brunnen zu Jesus: Ich weiß. Ja. Ich weiß. Das wird einmal sein. Irgendwann in der Zukunft, wenn Gott den Christus sendet. Irgendwann, wenn ich nicht mehr lebe. Irgendwann wird Gott, so sagen viele mit ihr, auch diese eigensinnigen Kirchen zusammenführen.

Da antwortet Jesus: Nein, nicht irgendwann. Jetzt. Die Zeit ist jetzt. Jetzt, da ich mit dir rede, sind die alten Konfessionen aufgehoben. Der die Kirchen und Gruppen zusammenführt, bin ich, der seit 2000 Jahren zu euch redet und dessen Willen, daß ihr eins sein sollt, ihr nie erfüllt habt.

Und hier zeigt sich auf sehr neue Weise, daß das Reich Gottes auch dort, wo es in einer Kirche sich leiblich darstellt, „nicht von dieser Welt" ist. Es bleibt unter den Menschen heimatlos wie der Christus, der nicht wußte, wohin er sein Haupt legen sollte – es sei denn, wir suchten es unabhängiger von Autoritäten und Strukturen und Überlieferungen als bisher.

Aber bei dieser Kirche liegt die Verheißung, die Jesus den Seinen gab:

„Fürchte dich nicht, du kleine Herde,
denn es hat eurem Vater wohlgefallen,
euch das Reich zu geben!"   *Lukas 12,32*

Die kleine Herde braucht sich, sagt Jesus, nicht zu fürchten, weil sie weit vor sich in der Zukunft das „Reich" sieht – aber eben dasselbe Reich, das Jesus hier und jetzt schon in ihrer kleinen Gemeinschaft gestiftet hat. Und dieses kleine „Reich" der Kirche besteht darin, daß er unter den zweien oder dreien sein wird, die sich in seinem Namen versammeln.

6. KAPITEL

Das kommende Reich

INDIGO

Von der blauen Zone aus nähert sich die Folge der Farben im Regenbogen ihrem äußersten Rand. Das Blau nimmt das Dunkel von Indigo an, jener herben, starken Verbindung von Blau und einem tiefen Violett und, wie es scheint, einem düsteren Grau. Indigo hat am meisten Dunkelheit in sich im ganzen Bogen der Farben, den tiefsten Schatten. Es ist die Farbe eines Himmels, hinter dem die Schwärze des Weltraums steht.

Trauer, tiefer Ernst berührt uns, Schwermut. Angst regt sich, bedrängende Sorge um das Leben, um den Menschen und um die Welt. Der Schrecken des Weltuntergangs malt sich in dieser Farbe, der drohende Tod im Hintergrund des Daseins. Apokalyptische Drohung.

Die Farbe Indigo fordert den, der sie sucht, zur Klarheit heraus, zur wachen Gegenwärtigkeit angesichts der Gefahr.

Wir sind einen langen Weg gegangen. Der führte uns durch die Farben des Regenbogens vom Rot des Anfangs über Orange, Gelb, Grün und Blau bis in die Nähe jener Grenze, an der unser Auge unfähig wird, zu sehen. Er führte uns vom Reich der Schöpfung über das größere Reich Gottes zu uns selbst, in unsere Beziehungen zu anderen Menschen und bis in das Mysterium der Kirche. Nun nähern wir uns der Grenze, an der unsere Vorstellungen enden. Nun rückt, was wir über das Reich Gottes denken, sagen oder beschreiben können, aus unserer Menschenzeit hinaus in eine unbekannte Zukunft. „Das Reich Gottes wird erst kommen", sagt das Evangelium, „und niemand weiß, wie und wann."

Andererseits scheint es uns selbstverständlich zu sein, anzunehmen, daß die Geschichte der Menschen auf dieser Erde irgendwann ein Ende nehmen und etwas anderes entstehen wird, von dem wir nichts wissen. Und wenn es wahr ist, daß Jesus lebt und ich leben werde, dann ist für mich das Ende der Weltgeschichte der Anfang von etwas unerhört Neuem, so, wie ja auch mein persönlicher Tod der Anfang von etwas ganz anderem sein wird, auf das ich mit allen Fasern gespannt bin.

Von einem Ende der Entwicklung, einem Ende des Fortschritts, gar von einem Ende des Menschengeschlechts zu reden, das war noch vor dreißig Jahren das Kennzeichen eines gestörten Menschen. Heute, kaum eine Generation später, ist uns allen ganz ungewiß, was eigentlich weitergehen wird und ob überhaupt eine Zukunft ist, ob wir nicht vielmehr dicht vor einem Ende stehen.

Jahrhundertelang haben die christlichen Völker davon geträumt, es müsse möglich sein, mit Hilfe von Wissenschaft und Technik und einer optimistischen Philosophie das Paradies auf dieser Erde zu schaffen. Wer heute sieht, was sich auf dieser Erde wirklich begibt und was wirklich auf uns zukommt, der kann nur noch hoffen, es möge mit den Verbrechen und Torheiten der Menschen, mit Diktatoren, Folterknechten und Kriegstreibern und mit den Tränen der Gequälten ein Ende nehmen und ein Anfang geschehen, der „Reich Gottes" heißt.

Wenn Jesus von Gottes Reich spricht, dann spricht er immer auch mit besonderer Betonung von einem *zukünftigen* Reich. Er spricht davon, es werde ein Tag kommen, an dem er „wiederkommen" werde, und die Christen haben diese Ankündigung immer dann besonders aufmerksam gehört, wenn sich wieder einmal zeigte, daß Geist und Kraft der Menschen nicht imstande seien, die Weltgeschichte auf dieser Erde einem sinnvollen Ziel entgegenzuführen. Sie setzten dem Bild von dem in unabsehbare Zukunft drängenden Strom der Geschichte das umgekehrte Bild entgegen: das Bild von dem Christus, der gegen den Strom der Geschichte aus der Zukunft hervortrete, um jenes Reich aufzurichten, das der Weltgeschichte erst Sinn und Ziel verleiht. Das kommende Reich – Traum und Hoffnung jenseits der Grenzen unserer Erfahrung – was können wir darüber wissen?

Wenn Jesus vom kommenden Reich spricht, dann beschreibt er nicht, wie es aussehen oder wie es dort zugehen wird, er spricht vor allem immer wieder von der Art, wie wir ihm heute entgegenleben sollen. Er sagt:

„Legt euch nicht schlafen.
Laßt eure Lichter brennen
wie die Menschen, die in der Nacht
auf ihren Herrn warten.
Sie wissen ja nicht,
wann er von der Hochzeit aufbricht,
und sie müssen ihm auftun,
wenn er kommt und anklopft.
Selig sind die Knechte,
die der Herr, wenn er kommt,
wachend findet.
Ich sage euch:
Er wird sich eine Schürze umlegen,
wird sie bitten, am Tisch Platz zu nehmen,
und wird kommen und ihnen dienen.
Und ob er abends kommt
oder um Mitternacht oder gegen Morgen –
selig sind die Knechte, wenn sie wachen.“
Lukas 12,35 ff.

In seinen Reden über das kommende Gottesreich deutet Jesus immer wieder das Bild eines Festmahls an oder einer Hochzeit. Ich meine fast, dieses Bild von der „Hochzeit" sei für ihn das eigentlich wichtige, zutreffende und umfassende Gleichnis für jenes Geschehen am Ende der Geschichte, das den Anbruch des Gottesreiches bringt. Ein Gleichnis dieser Art lebt von der lebendigen Sitte, die in ihm anklingt. Wie spielte sich denn zu damaliger Zeit im jüdischen Volk eine Hochzeit ab?

Zunächst besuchte der Mann die Eltern und brachte seine Werbung vor; wurde sie angenommen, so übergab er ein Brautgeschenk an die Eltern.

Dann folgte die festliche Verlobung vor der Familie und zwei Zeugen. Mit ihr waren Mann und Frau praktisch schon fest aneinander gebunden. Bestimmte Fragen wurden gestellt, vorgeschriebene Antworten ähnlich einer heutigen Trauung wechselten ab, die beiden empfingen den Brautsegen und tauschten ihre Ringe aus.

Längere Zeit später erfolgte in der Regel erst die dritte Phase: die Heimführung der Braut. Der Mann führte seine junge Frau in sein Haus oder auf seinen Hof. Der Zug der Festgäste, der die beiden begleitete, war bunt und laut, man sang und tanzte und spielte auf allerlei Instrumenten.

Danach folgte als viertes das Fest des Bräutigams mit seinen Freunden. Nachdem er die Braut in ihr künftiges Haus geführt hatte, zog er sich zurück und verbrachte den Abend mit seinen Altersgenossen. Irgendwann in der Nacht kehrte er zu seiner jungen Frau nach Hause zurück.

Die fünfte Phase endlich war das Hochzeitsmahl, der eigentliche Höhepunkt des Festes im Haus der Eltern des Bräutigams. Das Brautpaar saß auf Thronen unter einem Baldachin und spielte die Hochzeit zwischen dem König Salomo und seiner Geliebten Sulamith. Das Hohelied der Bibel, mindestens eine Reihe von Liedern aus ihm, gehört zu diesem Festbrauch und wurde dabei gesungen und getanzt. Zu dem Mahl, bei dem es üppig und oft verschwenderisch zuging, wurde alles aufgetischt, was das Haus besaß.

Den Abschluß bildete die Heimkehr des jungen Ehepaars in das eigene Haus.

Das Gleichnis von den Knechten, die auf ihren Herrn warten sollen, meint wohl den dritten Teil der Hochzeit, die Heimführung der Braut, oder den letzten Teil, die Heimkehr der Neuvermählten in ihr Haus. Das Hochzeitsmahl hat stattgefunden, die beiden stehen vor dem Hofeingang und klopfen an. Da müssen nun die Knechte wach sein, damit die Herrin und der Herr nicht zu lange draußen warten müssen. Sie dürfen ihr Gewand nicht abgelegt haben, sondern müssen „umgürtet" sein. Mit einem Gürtel hob der Orientale sein bodenlanges Kleid an, wenn er gehen oder gar eilen wollte. Ihre Lampen mußten brennen, damit sie die Ankommenden erkennen konnten, sie gebührend begrüßen und die junge Frau in den ihr vielleicht noch fremden, dunklen Hof geleiten.

Am Ende fügt Jesus der Geschichte noch einen Schluß an, von dem wir nicht wissen, ob ihm zur damaligen Zeit irgend etwas praktisch entsprochen hat, oder ob Jesus etwas ganz und gar Ungewöhnliches erfand, um die besondere Situation bei seiner Ankunft am Ende der Zeit zu kennzeichnen: Der Bräutigam legt die Schürze um, die Knechte nehmen am Tisch Platz und lassen sich von ihm bedienen. Sie nehmen, nachdem die Hochzeit beendet ist, noch an ihrer festlichen Fülle teil.

Aber Jesus flicht in seine Gleichnisgeschichte noch einen Satz ein, der zu dem schönen Bild nicht passen will. Er deutet die Situation auch mit dem Einbruch eines Diebes:

> „Das sollt ihr aber wissen:
> Wenn ein Hausherr wüßte,
> zu welcher Stunde der Dieb kommt,
> so ließe er ihn nicht in sein Haus einbrechen.
> Seid darum bereit!
> Denn ich komme zu einer Stunde,
> in der ihr es nicht vermutet."
> *Lukas 12,39–40*

Ich werde kommen, sagt er. Ihr werdet mich als den Gastgeber und Bräutigam erleben – oder als den Dieb, der sich heimlich in das Haus einschleicht. Dreierlei ist also mit aller Klarheit festgestellt. Wenn Christus wiederkommt, dann gilt:

Zum ersten: Er wird kommen zu einer Stunde, in der wir es nicht vermuten. Wer also zu wissen meint, wann Christus das Reich Gottes aufrichtet, täuscht sich und andere.

Zum zweiten: Diese Ankunft geschieht nicht einfach im Zeichen der Erlösung. Die Geschichte mit der Hochzeit sagt zwar: In der Wiederkunft Christi wird der Himmel sich auf eine neue Weise mit der Erde, mit uns Menschen verbinden. Die Erde ist die Braut, Christus ist der Bräutigam, die kommende Begegnung mit Christus wird also Erlösung sein, Befreiung, Fest eines neuen Anfangs.

Aber da ist auch das zweite Gleichnis. Christus wird kommen „wie ein Dieb in der Nacht". Die Begegnung mit ihm wird uns nehmen, was wir bisher für unseren Reichtum gehalten haben. Sie wird das Gesicht eines Untergangs, einer Katastrophe tragen, und so wird die Begegnung mit Christus eine Begegnung mit dem Tod ebenso sein wie mit dem Leben.

Aber da ist noch ein drittes, das uns diese Geschichte im voraus erklärt: Was immer geschehen mag, es wird eine Begegnung mit Gott sein, und er wird dann das Gesicht tragen, das wir kennen, das Gesicht des Christus.

Aber das Gleichnis von dem Bräutigam, der zur Hochzeit kommt oder von der Hochzeit nach Hause, erscheint in immer wieder anderen Bildern, und erst sie alle zusammen ergeben die ganze Wahrheit. *Mattäus 22,1–6 lesen wir:*

„Das Himmelreich gleicht einem König,
der für seinen Sohn Hochzeit machte.
Er sandte seine Knechte aus,
sie sollten die Gäste zur Hochzeit rufen,
aber die wollten nicht kommen.
Er sandte sie noch einmal und ließ sagen:
Ich habe das Mahl bereitet,
meine Ochsen und mein Mastvieh
sind geschlachtet,
es ist alles bereit, kommt zur Hochzeit!
Aber die Geladenen verachteten
die Einladung,
sie gingen ihrer Wege,
der eine auf seinen Acker,
der andere zu seiner Hantierung.
Einige aber griffen die Boten,
verhöhnten und töteten sie."

Die Hochzeit im Haus der Eltern soll stattfinden. Es ist alles bereit. Der Vater des Bräutigams, der „König", hat seine Boten ausgesandt. Das will sagen: Gott hat den Menschen Propheten gesandt, die sein Kommen ankündigten. Jahrhundertelang hat Gott Israel zur Hochzeit geladen. Die Gäste aber meinten, auch ohne dieses Fest leben zu können, und überschütteten die Boten Gottes mit ihrem

Spott, und viele der Einladenden wurden Opfer ihres Hasses.

Lukas beschreibt die Szene noch genauer:

„Sie fingen alle nacheinander an, sich zu entschuldigen. Der erste sprach zu dem Knecht, der ihn einlud: Ich habe einen Acker gekauft und muß hinausgehen und ihn besehen. Ich bitte dich, entschuldige mich. Der zweite sprach: Ich habe fünf Joch Ochsen gekauft, und ich gehe soeben, sie zu besehen. Ich bitte dich, entschuldige mich. Der dritte: Ich habe soeben selbst eine Frau genommen, ich kann nicht kommen.

Und der Knecht kam und sagte das seinem Herrn wieder. Da wurde der Hausherr zornig und sprach zu seinem Knecht: Geh schnell auf die Straßen und Gassen der Stadt und führe die Armen und Krüppel und Lahmen und Blinden herein. Und der Knecht meldete: Herr, es ist geschehen, was du befohlen hast; es ist aber noch Raum da. Und der Herr sprach zu seinem Knecht: Geh auf die Landstraßen und an die Zäune! Nötige sie, hereinzukommen, damit mein Haus voll wird. Ich sage euch aber, daß der Männer keiner, die geladen waren, mein Festmahl schmecken wird" *(Lukas 14,18ff.).*

Vielleicht hatten die Geladenen durchaus die Absicht, zu einem anderen Zeitpunkt noch einer

Einladung zu folgen. Vielleicht hatten sie die Dringlichkeit der Einladung nicht erkannt. Aber das Eigentümliche der Gleichnisreden Jesu über das kommende Hochzeitsmahl ist eben dies, daß er nicht das Fest schildert und was es dabei alles zu sehen, zu hören und zu schmausen gibt, sondern nur die Stunde, in der die Einladung ergeht. Er redet nicht von der Zukunft, sondern von der Gegenwart. Die Entscheidung, ob ich kommen will, muß ich jetzt treffen, und das ist das einzige, das jetzt Bedeutung hat. Im jetzigen Augenblick muß ich wach sein, jetzt muß ich warten. Jetzt muß ich mich zum Fest auf den Weg machen. Und noch einmal wandelt sich das Bild:

„Wenn Gott sein Reich offenbart, wird es euch ergehen wie zehn jungen Mädchen, die als Brautjungfern zu einer Hochzeit geladen waren. Am Abend sollte das Fest beginnen. So nahmen sie Öllampen (mit denen sie den Bräutigam begrüßen und danach den Saal schmücken wollten) und gingen ihm entgegen. Fünf hatten ihre Gedanken bei der Sache, fünf nicht. Die zweiten nahmen zwar Lampen mit, aber kein zusätzliches Öl. Die ersten nahmen außer ihren Lampen Öl (in ihren Kannen) mit. Als nun der Bräutigam einige Stunden verzog, wurden sie alle müde und schliefen ein.

Mitten in der Nacht aber gab es plötzlich ein Geschrei: Er kommt! Auf! Ihm entgegen! Da standen die Mädchen alle auf und schmückten ihre Lampen. Die Törichten aber wandten sich an die Klugen und baten: Gebt uns von eurem Öl, unsere Lampen verlöschen. Die anderen wehrten sich: Dann ist es für uns alle zu wenig. Lauft und holt euch Öl beim Händler. Während die fünf unterwegs waren, kam der Bräutigam. Die bereit waren, gingen mit ihm zum Fest, und die Tür wurde verschlossen. Später kamen auch die anderen fünf und riefen: Herr, mach auf! Er aber antwortete: Ich kenne euch nicht!

Darum, so fügt Jesus an, seid wach! Ihr wißt weder Tag noch Stunde" *(Mattäus 25,1 ff.)*.

Man hat diesem Gleichnis immer wieder entgegengehalten, es sei eigentlich von einer unbegreiflichen Härte. Warum sollen diese Mädchen nun vom Fest ausgeschlossen sein, weil sie ihren Bedarf an Öl falsch eingeschätzt hatten? Warum helfen die Klugen den Törichten nicht aus? Aber auch hier wird wieder deutlich, daß es nicht um die Zukunft geht, nicht um das Fest selbst, sondern um die Zeit, in der die Menschen auf das Reich warten, also um den Augenblick, der jetzt ist. In diesem Augenblick kann keiner den anderen vertreten, da ist einer selbst bereit, oder er ist es nicht. Da brennt eine Lampe, oder sie brennt nicht. Da ist jemand wach, oder er ist es nicht. Wer nicht selbst gegenwärtig ist im entscheidenden Augenblick, kann sich nicht vertreten lassen.

Und das Bild von der Hochzeit ist keineswegs auswechselbar. Jesus greift immerhin ein uraltes Symbol auf, das nicht nur in der Frühgeschichte der Menschheit erscheint und in allen Religionen, sondern auch in der Bibel, im Alten Testament: die heilige Hochzeit. Es bedeutet: Wenn Gott sich mit der Erde verbinden wird wie ein Bräutigam mit seiner Braut, dann wird sich alles wandeln. Die Hoffnung wird sich wandeln in Erfüllung, die Angst in Dankbarkeit, das Leid in Freude, der Glaube in beglücktes Schauen. Das Wasser wird sich in Wein wandeln, sagt Johannes, indem er die Geschichte von Kana erzählt, in der berichtet wird, auf einer Hochzeit, zu der außer Jesus und seinen Jüngern auch seine Mutter eingeladen war, sei während des Festes der Wein zur Neige gegangen. Da habe Jesus die Diener angewiesen, aus den Wasserkrügen, die da standen, zu schöpfen – und plötzlich sei Wein in Fülle vorhanden gewesen.

Johannes sagt: Dies war ein „Zeichen". An einem Zeichen ist nicht wichtig, wie es zustande kam, sondern allein, worauf es hinzeigt. Die Welt wandelt sich, will es sagen. Wenn euch das Elend gefangenhält, denkt daran: Einmal wird die Wandlung aller Dinge kommen.

Für diese Wandlung wählt Jesus nicht zufällig das Symbol einer Hochzeit, das die Religionen des Orients lange vor Abraham und Mose gebraucht haben, wenn sie von Erfüllung und Erlösung sprechen wollten. Wenn aber das Alte Testament Israel

als die Braut und Gott als den Bräutigam verherr-
licht, dann führt die Tradition der Symbole und der
kultischen Feste der Zeit vor Israel, die die heilige
Hochzeit zwischen Himmel und Erde, Gott und
Welt, Gott und Mensch feiern, ohne Umwege zu den
Gleichnissen, in denen Jesus das Ende der Geschichte andeutet.

Die heilige Hochzeit war für die alten Völker
das Fest des Frühlings, Beginn einer neuen Ära,
einer Zeit der Lebendigkeit und des Segens. Man
feierte die Verheißung von Frieden und Glück für
die Erde und die Menschen. Noch in unseren Märchen kehrt das Motiv nahezu regelmäßig am Ende
der Handlung wieder: „Da wurde die Hochzeit mit
großer Pracht gefeiert." Ein junger König und seine
Braut, meist eine Königstochter, brachten, nachdem der Drache oder der Zauberer, der Riese oder
der Dämon überwunden, Neid, Verrat und Gefahr
bestanden waren, für ihr Land das Heil. Die Schönheit und Weisheit der Braut, die Kraft und der Geist
des Königs walteten über einem Reich des Friedens.
Und sogar die Märchen deuten noch an, daß diese
Hochzeit nicht für wenige Jahre des Glücks, sondern für die Dauer, für die Ewigkeit gelte: „Wenn sie
nicht gestorben sind, leben sie heute noch", schließen die Märchen, vorsichtig an Ewigkeit erinnernd.

Im Alten Testament kehrt das Symbol wieder.
Heil ist zu erwarten, sagt der Psalm, „wenn Gerechtigkeit und Friede sich küssen". Die Propheten erin-
nern, wenn ihr Volk an der Nähe Gottes zweifelt, an

die Anfangszeit Israels und sagen: Das war unsere Brautzeit. Der Bund der Nähe zwischen Gott und uns gilt und besteht. Und das fröhlichste Fest des Judentums bis heute, das Purimfest mit seiner karnevalistischen Ausgelassenheit, erzählt die symbolgeladene Geschichte von Haman, der die Welt des Todes verkörpert, dem Repräsentanten von Bosheit, Lüge, Verrat und Verfolgung, der von der Klugheit und Schönheit der Königin Esther überwunden wird, so daß mit der neuen Verbindung der Königin mit dem König Frieden und Gerechtigkeit einkehren. Es ist das alljährlich wiederkehrende Spiel von der Erlösung und der Stiftung des neuen Lebens, des „Schalom".

Jesus nahm das Symbol auf, und zwar nicht nur in seinen Gleichnissen. Die Gastmähler, die er mit den Menschen in den Dörfern Galiläas feiert, sind „Hochzeitsfeste". „Warum ißt er mit den Sündern und den Zöllnern?" fragen sich die Frommen. Der Grund ist einfach: Weil in dieses Fest der Erlösung alle einbezogen sind, wie sie am Ende der Zeit einbezogen sein werden. Als er einmal gefragt wird, warum er auf das rituelle Fasten so wenig Wert lege, antwortet er: Eine Hochzeitsgesellschaft kann doch nicht fasten, solange der Bräutigam an der Tafel sitzt! Und die Freude des Fests faßt er wie so oft in das Bild vom Wein: Man füllt nicht neuen Wein in alte, brüchig gewordene Ledersäcke, ein neues Ereignis zwischen Gott und den Menschen begeht man nicht mit einem überholten Ritual.

Besonders deutlich drückte sich Johannes der Täufer im Bild von der Hochzeit aus. Als er einmal nach seinem Verhältnis zu Jesus gefragt wurde, antwortete er:

„Ein Mensch kann sich nichts nehmen,
was ihm nicht vom Himmel gegeben ist.
Ihr selbst wißt, daß ich gesagt habe:
Ich bin nicht der Christus.
Ich gehe nur vor ihm her.

Wer die Braut hat, der ist der Bräutigam.
Der Freund des Bräutigams aber steht dabei
und hört ihm zu
und freut sich über des Bräutigams Stimme.
Diese meine Freude ist nun erfüllt.
Er muß wachsen. Ich aber muß abnehmen."
Johannes 3,27 ff.

Die Braut ist in der alten Symbolsprache die Erde mit allen ihren lebendigen, schöpferischen Kräften. Nur der kann also sagen, er sei der Bräutigam, dem die Kräfte der Erde zuströmen. Johannes sieht in der Liebe der Menschen zu Jesus die Braut, die der Bräutigam zu sich ruft. Nur der kann sagen, er sei der Bräutigam, dem die Liebe der Menschen gehört, die Freude und Dankbarkeit der Leidenden, Beladenen, der Erlösung Bedürftigen. Ich habe eingeladen, sagt Johannes. Das Fest feiert Jesus.
Die Offenbarung Johannes nimmt das Bild

noch einmal auf: Geschmückt wie eine Braut kommt die heilige Stadt, die Gemeinschaft der erlösten Menschen ihrem Bräutigam entgegen. Er nimmt Wohnung bei ihnen, feiert die Hochzeit, und die Heilszeit bricht an. Ob die Mädchen aus dem Gleichnis Öl in ihren Lampen haben oder nicht, das zeigt, ob sie fähig sind, zu lieben und Liebe zu empfangen, ob sie bereit sind zur heiligen Hochzeit. Denn die Liebe – das sagt die Bibel von Anfang bis Ende – ist die einzige Kraft, die Getrenntes zusammenführt, das Ursprüngliche wiederbringt, das Gesetz erfüllt, das Künftige erreicht. Liebe als gebende und empfangende Kraft – letztlich läuft in der Bibel alles, die ganze Weltgeschichte, auf diese Kraft des Heilens und Erneuerns hinaus.

Diese Liebe aber spottet nun aller Mächte, die sie begrenzen, aller Ordnungen, die sie regulieren, aller Schranken, die ihr den Weg sperren wollen. Sie ist nicht nur sanft und behutsam, sondern auch „stark wie der Tod". Sie ist nicht nur demütig, sondern voll revolutionärer Kraft. Sie ist nicht nur geduldig, sondern stürmt auch das Himmelreich und „reißt es an sich", wie Jesus sagt.

Und so nüchtern die Liebe im täglichen Tun sich äußern mag, ihr Anfang, ihr Aufbruch, ihr Fest ist rauschhaft, sprengend, entgrenzend, entzündend, begeisternd: Sie ist die Kraft, aus der eine neue Schöpfung hervorgeht. Und dieses Feuer meint Jesus, wenn er sagt:

„Ich bin gekommen,
ein Feuer anzuzünden auf der Erde.
Nichts wollte ich lieber,
als daß es schon brennte."
Lukas 12,49

Dieses Feuer meint er mit dem Geist, aus dem der Mensch wiedergeboren werden müsse. Dieses Feuer, das die Zerklüftung in den Menschen und die Feindschaft zwischen ihnen, das Trennende zwischen Gott und den Menschen einschmilzt, das wie ein brennender Strom alle Grenzen überschwemmt – dieses Feuer meint Jesus.

Zu diesem neuen Aufbruch kann niemand mit halbem Herzen gehen oder mit Vorbehalt. Der neue Wein würde die alten Schläuche sprengen. Der Schatz im Acker wird nur gewonnen, wenn alles Bisherige „verkauft" wird. Die kostbare Perle wird nur gefunden, wenn alles bis jetzt Vorhandene aufgegeben wird. Die heilige Hochzeit ist das Fest der Erneuerung des Lebens, der Neuschöpfung. In der Hochzeit liegt die Hoffnung auf das göttliche Kind. Im Kind aber eröffnet sich eine neue Welt. Seid also, sagt Jesus, wie die Kinder. Anders kommt ihr nicht ins Reich Gottes.

Wenn wir heute von „apokalyptischen Ereignissen" reden, stellen wir uns ungeheure Katastrophen vor: Weltflut, Weltbrand, Vernichtung, Untergang. Aber das Wort Apokalypse meint etwas ganz anderes. Es heißt wörtlich übersetzt „Enthüllung",

„Offenbarung". Die Stunde des apokalyptischen Einbruchs, die das Ende des Bisherigen bringt, macht offenbar, was bisher geschehen ist und was künftig geschieht. Sie offenbart die Wahrheit der Welt und der Menschen, die Wahrheit Gottes und des Gottesreiches. Der Mensch wird vor sich selbst und vor Gott offenbar als der, der er ist. Seine Vergangenheit steht im Licht, zugleich aber zeigt sich seine Zukunft, die Zukunft eines Partners Gottes, eines neuen Wesens in einer neuen Welt.

Diesem großen Bild des kommenden Gottesreiches hat die Gemeinde der ersten Christen vielerlei hinzugefügt, das Allgemeingut der Zukunftserwartungen ihrer Zeit war und den Christen des ersten Jahrhunderts aus der Überlieferung des späten Judentums vertraut. Die Erwartung eines baldigen Weltendes war dem unterdrückten und in seinem Glauben ständig bedrohten jüdischen Volk selbstverständlich, die Erwartung eines Einbruchs der Gottesherrschaft unter ungeheuren Leiden und Katastrophen, die vor allem die Vernichtung der Mächtigen dieser Welt bringen würde. So finden wir vor allem in der Offenbarung Johannes Bilder von extremer Schrecklichkeit. Hagel, Feuer und Blut regnen auf die Erde. Ein flammender Berg stürzt ins Meer, und das Meer wird zu Blut. Der Satan erhält die Macht, alle Gewalten der Zerstörung gegen die Menschen aufzubieten. Heuschrecken fallen über die Erde her. Die Zeugen der Wahrheit erleiden das Martyrium. Michael kämpft gegen den Drachen. Ein Tier steigt aus dem Meer auf, der Antichrist ergreift die Macht, und die Menschen werden durch seine Ähnlichkeit mit dem wirklichen Christus verführt. Ein Lamm tritt auf, das wie ein Drache redet. Engel schütten die Schalen des göttlichen Zorns über der Erde aus. Das Gericht über die Weltmächte folgt, und auf der Erde beginnt ein tausendjähriges Reich des Friedens. Nach Ablauf dieser tausend Jahre erheben sich die widergöttlichen Mächte noch einmal, und es kommt zum Endkampf, zu der großen Schlacht von Harmaggedon, in der die Feinde Gottes endgültig unterliegen. Dann folgt das Gericht, und nach Verdammnis alles Widergöttlichen öffnet sich endlich der Blick in eine neue, ewige Welt.

Wir verstehen wohl, daß ein verfolgtes, gequältes und geschundenes Volk sich solche Bilder einer einbrechenden, strafenden göttlichen Gerechtigkeit vorstellen konnte oder mußte, aber wir finden daran so gut wie nichts original Christliches. Es war, wie gesagt, Allgemeingut der Jahrhunderte vor und nach Christus. Die bedrohte und verfolgte christliche Gemeinde, die ja aus dem Judentum hervorging, hat alle diese Bilder übernommen und, was zunächst das jüdische Volk auf sich bezog, auf ihre kleine Gemeinschaft bezogen. Auch das ist begreiflich, denn die Urgemeinde hatte, vor allem im Zusammenhang des römischen Kriegs um das Jahr 70, so viel an blutiger Gewalt zu erleiden, daß sie kaum anders konnte, als ihre endliche Errettung von einem großen, grausamen Krieg Gottes gegen die Mächte der Finsternis zu erhoffen. Aber es muß uns deutlich sein: Vom Geist des Evangeliums ist in alledem kaum noch etwas zu spüren.

Die Bildsprache der alten Völker ergeht weithin in ihren Vorstellungen von der Macht eines Königs. Nun besteht aber eine offenbare Spannung zwischen dem, was Jesus über die Machthaber und über den Verzicht auf Macht sagt. „Der Erste unter euch soll der letzte sein, der Mächtigste der Diener aller." Wir empfinden heute, daß das Denken in den Bildern der Macht unangemessen ist, wenn von Christus die Rede sein soll.

Denn Christus ist nicht in erster Linie der Mächtige, sondern der Liebende. Als Liebenden, als Hingebenden, als den befreienden und erlösenden Bruder und Meister verehren wir ihn. Als dieser Christus ist er für uns der Repräsentant Gottes, steht er für Gott in dieser Welt und uns Menschen gegenüber. Wir nennen ihn darum auch nicht mehr wie noch die Urgemeinde das „Haupt", sondern das „Herz" des Kosmos. Wer in Christus ist, ist im Herzen der Welt. Das Herz der Welt aber ist das „Herz Gottes". Ich meine, daß wir mit solcher einfachen, uns Menschen angemessenen Bildsprache das aussprechen, was uns Christus ist.

Und so schließt sich der Bogen vom ersten Wort der Schöpfung hin bis zu dem Punkt, wo „kein Tod mehr ist und kein Leid und kein Geschrei". „Denn das Alte ist vergangen": Das Alte, die gespaltene Welt mit ihren Leiden, ihren Rätseln und ihren Widersprüchen. Das Alte, das aus dem Gegensatz bestand zwischen Tod und Leben, Licht und Finsternis. Und nichts ist mehr außerhalb des Lichts. Denn was außerhalb des Lichts ist, ist „vergangen". Weggeweht sozusagen wie Himmel und Erde vor dem stärkeren Sein des Christus, weggeblasen in das Nichts und das Nichtmehr. Was soll am Ende sein außerhalb des Gottes, den wir in Christus sehen?

Die alten Völker dachten nicht nur in den Bildern der Macht, wenn sie über Gott nachdachten. Sie dachten auch in den Bildern des Kampfes. Aber das Licht „kämpft" nicht gegen die Finsternis. Dieses Bild täuscht. Das Licht durchdringt sie, einfach und klar, so weit, wie seine Helligkeit reicht. Es hebt sie auf, wenn es denn Licht ist. Die Wahrheit kämpft nicht gegen die Lüge, sie offenbart sie. Sie zeigt sie. Das ist alles. Sie enthüllt sie. Die Güte kämpft nicht gegen die Bosheit. Sie hält sich ihr nur einfach entgegen und überwindet sie mit der Kraft der Freundlichkeit. Feindschaft wird nicht durch Gewalt überwunden, sagt Jesus, sondern nur so, daß ihr euren Feind liebt.

So kämpft auch Christus nicht gegen die Finsternis. Auch nicht gegen das Böse, und das Bild des Erzengels Michael, der gegen den Satan mit Schwert und Lanze kämpft, bleibt verwirrend, ebenso wie das Bild des gegen den Drachen kämpfenden St. Georg. Sie stammen beide aus einer Vorstellungswelt, in der Christus noch nicht gegenwärtig ist. „Ich sah den Satan vom Himmel fallen wie einen Blitz, sagt Jesus. Wozu also noch der endzeitliche Krieg des Himmels gegen die Hölle? Freut euch nicht über eure Macht, sagt er zu den Jüngern, die sich freuen, daß ihnen die Dämonen gehorchen. Freut euch darüber, daß eure Namen im Himmel angeschrieben stehen. Daß ihr also in der Freiheit steht und im Licht" *(Lukas 10,18)*.

Wie kommt denn das Reich Gottes? Jesus sagt: Ein Sämann wirft die Saat in den Acker. Dann geht er nach Hause und schläft und steht auf, schläft und wacht, und der Same keimt und geht auf und wächst, und die Frucht bildet sich – ohne daß er darauf acht hat, ohne daß er weiß, wie es zugeht. Er kämpft nicht, er macht das Wachstum nicht. Das alles geschieht „von selbst", wie Jesus sagt. Und am Ende wird nicht ein Sieg gefeiert über einen bösen Feind des Gottesreiches, sondern eine Ernte. Das Reich ist da. Und wer vor ihm nicht besteht, wird ins Nichts weggeblasen.

Eine der Tragödien im Glauben und Nachdenken von Millionen Christen liegt bis zum heutigen Tag darin, daß für sie die Liebe Gottes hinter den Bildern des Grauens verschwindet wie die Sonne hinter finsteren Wolken. Wer etwa besonders mit alten Menschen zu tun hat, die als Kinder in christlicher Moral und in der Angst vor dem Gericht erzogen worden sind, der ahnt, was solche Erziehung an Vertrauen, an Glauben, an Liebe zu Gott und den Menschen zerstören konnte. Für Millionen besteht heute noch der Rest ihres christlichen Glaubens in einer heimlichen, lähmenden Angst vor dem Richter Christus und in der tiefsitzenden Überzeugung, für die Ewigkeit verdammt und zur Qual in der Hölle bestimmt zu sein. Auch bei vielen Menschen, die überzeugt sind, mit dem Tode sei „alles aus", steht im Hintergrund dunkel und schreckhaft die Angst vor der Verdammnis. Atheismus, moderne Religionsfeindlichkeit, Gotteshaß und das Grauen vor der ewigen Hölle gehen die schrecklichsten Verbindungen ein. Woher soll dann noch Glaube kommen, woher Liebe, woher ein Empfinden für die Güte des Christus, für die erlösende Liebe des Bruders aus Nazaret und des Gottes, den er verkündigte? Die Bilder des Entsetzens werden immer die größere Kraft behalten.

An die Stirnseite der Sixtinischen Kapelle malte Michelangelo sein berühmtes Bild vom Jüngsten Gericht. Hunderttausende, die vom christlichen Glauben kaum ein Wort verstanden haben, strömen alle Jahre davor vorbei und meinen, dies sei die Zukunftsvision des Christentums. Was immer an Erfahrungen der Güte Gottes im Leben solcher Menschen gewesen sein mag, hier wird es verdrängt von Drohung und Schrecken und höllischer Qual. Was immer sie von Christus gehört haben mögen, hier wird es überdeckt von dem

195

gewaltigen Zerschmetterer Christus mit seiner erhobenen, verdammenden Hand, mit der er die Masse der Sünder in die Hölle stößt. Nein, vom Geist des Christus ist hier nichts übrig.

Aber ich höre die Gegenfragen: Es muß doch irgendwann einmal Gerechtigkeit geschehen? Irgendwann muß doch das Gute belohnt und das Böse bestraft werden? Irgendwie muß doch Klarheit in diese Welt der Vermischungen von Gut und Böse kommen? Irgendwer muß doch endlich dem Leid und den Tränen und der Angst der Gequälten ein Ende machen und zugleich der Anmaßung der Mächtigen und der Kaltherzigkeit der Ausbeuter?

Ich höre die Gegenfragen, und ich empfinde sie nicht nur als begreiflich, nicht nur als menschlich verstehbar, sondern auch als zutiefst berechtigt. Aber wie ging denn Jesus mit solchen Fragen um – den Fragen nach Recht und Gerechtigkeit?

Er sagt: „Richtet nicht über andere Menschen." Sollen wir das wirklich nicht? Er sagt: „Vergebt anderen ihre Schuld, siebenmal siebzigmal", das heißt ohne Bedingungen und ohne, daß irgendwann ein Punkt erreicht wäre, an dem es nicht mehr um Vergebung ginge. „Ich verdamme dich nicht", sagt er zu der schon fast zum Tode verurteilten Frau. Und die ihn verstanden, konnten später schreiben: Die Liebe ist die Erfüllung des Gesetzes. Es ging also im Kern nicht um Gerechtigkeit im Sinne von Lohn und Strafe, sondern darum, daß wir am Ende sagen können: Es ist alles neu geworden. Nicht daß die Bosheit festgeschrieben wird für Zeit und Ewigkeit, sondern daß Gott auch das Böse neu durchformt mit seiner schöpferischen Liebe.

Jesus setzt die Liebe unablässig an die Stelle der Gerechtigkeit. Er hebt, was wir an Gerechtigkeit für nötig halten, immerzu auf. Und als er selbst zum Tode verurteilt wurde im Namen menschlicher Gerechtigkeit, da kündigt er den Priestern, dem König und dem Gouverneur der Römer nicht das Strafgericht Gottes an, sondern geht schweigend in den Tod, in dem künftig auch die Erlösung der Feinde Gottes beschlossen sein wird.

Was die Sterbeforschung der letzten Jahre gefunden hat, darf uns als Hinweis dienen: Ungezählte Menschen, die an der Schwelle des Todes gestanden hatten und durch moderne ärztliche Kunst wieder ins Leben zurückgeholt wurden, erzählen ein und dasselbe: Sie begegnen an der Grenze zur anderen Welt einem großen Licht und empfinden, wie eine überwältigende Liebe sie umfängt. Zugleich erkennen sie in schonungsloser Klarheit ihr vergangenes Leben, alles liegt offen da, auch Last und Schuld des Vergangenen. Und doch: Die Lichtgestalt, der sie begegnen, empfängt sie mit unendlicher Wärme. Sie empfinden, es gehe in diesem Augenblick nicht um Gericht und Strafe und Verdammnis, sondern um die Schmerzen der Wandlung, um Erlösung und um einen sinnvollen weiteren Weg in ein anderes Dasein.

Ich will gerne sagen, was mir unvorstellbar ist: daß der Gott, den uns Jesus Christus verkündigte und vorlebte, die Menschen sterben läßt, um sie nach Jahrhunderten noch einmal aus dem Tode aufzuwecken, daß er sie neu schafft, sie noch einmal zu ihrem ursprünglichen Wesen und Charakter gestaltet, nur zu dem Zweck, sie – zur Strafe für ihr kleines, armes, verfehltes Leben – auf ewig in die Verdammnis zu stoßen. Nein, in dem Gott, dem ich mich anvertraue, hat das keinen Raum.

Eine neunzigjährige Frau sehe ich vor mir. Sie redet von Gott, und der Haß bricht aus ihr heraus: „Das ist der, der mich in die Hölle fahren lassen wird, ‚da ihr Wurm nicht stirbt und ihr Feuer nicht verlöscht'. Das hat Jesus doch gesagt, oder nicht?"

Was hat doch die falsche Auslegung dieser Stelle für ein Unheil angerichtet durch die Jahrhunderte hin! Was ist denn das mit dem Wurm und mit dem Feuer? Südlich Jerusalems liegt das Tal Ge-Hinnom. Wenn die Araber heute für „Hölle" Gehenna sagen, kommt der Name von diesem Tal. Dort war eine uralte Opferstätte eines vorisraelitischen Gottes, dem in der Urzeit auch Menschen geopfert wurden, eine Art Ofen in Gestalt eines Gottes, des Gottes Moloch, in dessen Maul man in der Vorzeit Kinder geworfen hatte, um sie in dem Feuer, das in seinem Bauch brannte, zu opfern. Die Opferstätte spielte ihre Rolle durch die ganze Geschichte Israels als von den Propheten unablässig verurteilte Verirrung des religiösen Bewußtseins, und noch in der Zeit Jesu muß eine solche Opferstätte, ein „Wurm", das heißt ein Drache, da gestanden haben. Zur Zeit Jesu aber war der Platz längst kein religiöser Ort mehr, sondern die Müllkippe von Jerusalem, und das Feuer, das dort brannte, diente der Vernichtung der Abfälle.

Was sagt nun diese Gleichnisrede vom „ewigen Feuer"? Doch nicht, daß der Abfall dort ewig weiterglühen muß, sondern daß er vernichtet wird. Daß das, was keinen Sinn und keine Zukunft mehr hat, ausgeschieden wird. Das Feuer mag lange brennen, aber doch nicht die Qual der Verdammten ewig sein. Das Böse geht einem Ende entgegen. Es hat vor Gott keinen Bestand und auf die Dauer keine Kraft. Es endet. Mehr ist nicht festgestellt.

Nein, ich stelle mir das Gottesreich, das sich uns am Ende der Zeit offenbaren wird, anders vor als im Bild eines Schreckensgerichts.

Ich stelle mir vor, was in den Kirchen des Ostens nie verlorengegangen ist: der Glaube, daß diese Erde eine Verwandlung vor sich hat, eine Verklärung und Durchlichtung in demselben Sinn, in dem Christus auf jenem Berg in Galiläa durchlichtet wurde, eine Wandlung in durchscheinende Schönheit. Ich stelle mir vor, daß auch diese Erde eine Erlösung vor sich hat und nicht nur eine Zerstörung.

Ich stelle mir vor, daß ich selbst nicht in Gott versinken werde wie ein Tropfen im Meer und mich auflöse in das große Neue hinein, das werden soll, sondern auferstehen werde. „Ich habe dich bei deinem Namen gerufen", sagt Gott. Und an einer der lichtvollsten Stellen der Offenbarung Johannes heißt es: „Gott wird uns einen weißen Stein in die Hand geben. Auf dem Stein wird ein neuer Name stehen, unser neuer Name, den niemand kennt, als der ihn empfängt" *(2,17)*.

Ich stelle mir vor, daß wir nicht allein sein werden, wir Menschen, sondern umgeben von Wesen vielerlei Art, die schaffend und bewahrend für diese Welt wirken. Und ich stelle mir vor, daß wir mit ihnen allen zusammen einen uns zugewiesenen Weg gehen werden und unsere Aufgabe im Ganzen des Gottesreiches erfüllen.

Viele fragen, ob wir wieder auf diese Erde zurückkehren werden in irgendeiner neuen Gestalt. Wiederverkörperung – das ist eine der Vorstellungen, denen auch Christen unserer Zeit nachtasten. Aber davon weiß ich – jedenfalls von Jesus Christus – nichts. Ich stelle mir weder das eine vor, daß wir aus dem ewigen Geschehen von Gott entlassen werden zu „ewiger Ruhe", jener Sofaeckenruhe, die sich der Bürger gerne ausdenkt, noch auch das andere, daß wir unablässig in das Dasein von Menschen auf dieser Erde zurückkehren. Gott allein weiß, was uns bevorsteht, und ihm möchte ich überlassen, mir zur gegebenen Stunde zu sagen, was er mir zugedacht hat.

Offenbar war es Gottes Wille, uns keinen weiteren Aufschluß über unser Leben nach dem Tode zu geben. Was wir wissen können und was wir glauben sollen und dürfen, das ist für das Dasein auf dieser Erde bestimmt. Was wir wissen und was wir glauben, was wir an Kenntnis besitzen, das haben wir auf diesem irdischen Weg, und wir haben es so, wie man auf einem langen Weg zu Fuß überhaupt etwas haben kann. Nicht so, wie man Haus und Hof besitzt, sondern wie leichtes Gepäck.

Wir haben nicht alle Wahrheit, aber so viel, wie wir unterwegs brauchen. Wir kennen nicht alle Geheimnisse. Wir lösen nicht alle Rätsel. Wir müssen nur wissen, auf wen wir zugehen und wie wir die nächste Strecke Weges bewältigen.

Wir haben nicht alle Freiheit, aber so viel, wie wir unterwegs brauchen. So viel, daß wir uns nicht festhalten zu lassen brauchen, wenn wir gehen wollen. Uns ist nicht aller Sinn erschlossen, aber so viel, daß wir uns nicht um ihn zu sorgen brauchen. Wir müssen nicht erkannt haben, warum die Welt sich dreht. Wir dürfen aber vertrauen, daß unserem Geschick ein Plan zugrunde liegt und von uns nur die kleine Treue verlangt ist, auf dem Weg zu bleiben.

Was wir wissen können, das sind die einfachen Worte, mit denen Jesus die selig preist, die ihren Weg gehen und das Leid nicht scheuen, das mit dem Dasein in dieser Welt mitgesetzt ist. Selig sind, sagt Jesus, die arm sind in Erwartung des Geistes. Ihnen steht das Reich Gottes offen. Und selig sind, die Leid tragen. Selig sind sie, denn Gott wird sie ihrem Leid entreißen. Er wird nicht nur das Leid allein aufheben, sondern auch seinen Grund. Selig sind aber auch, die das Leid anderer tragen, denn sie werden trösten können. Sie tun, was Christus tat: Er stieg in das Elend der Menschen herab und nahm ihre Last auf. Glücklich sind, die das Leben erleiden bis an die Grenze, die der Tod ist, und den Tod bis an die Grenze, die das Leben ist. Ihre Freude wird sich ausbreiten auch über die Herzen der Leidenden um sie her, und das kommende Gottesreich wird sich in ihrer Freude spiegeln.

Wir werden in ein Haus kommen, dessen Tür offensteht. Es wird uns einer entgegenkommen und sagen: Kommt, es ist alles bereit. Wir werden heimkommen und erkennen, daß wir auf unserem Weg mit Güte und Freundlichkeit begleitet waren. Ich weiß nicht, ob alle unsere Fragen eine Antwort finden werden, aber wir dürfen unsere Fragen zurücklassen vor der Tür wie ein unwichtig gewordenes Gepäck.

Im Haus aber – lassen wir uns das Gleichnis gefallen –, im Haus findet die Hochzeit statt, das festliche Mahl, das Himmel und Erde, Gott und Mensch und uns Menschen untereinander zu Gottes Reich verbindet. Und wenn ich es noch ein wenig ausmalen darf: Ich sehe über dem Haus den großen, vollkommenen Regenbogen stehen in allen seinen wunderbaren, leuchtenden Farben.

7. KAPITEL

Das Ziel:
Gott alles in allem

VIOLETT

Farbe des Amethyst. Tiefgründiges, geheimnisvolles Licht an der Grenze. Dem menschlichen Auge noch eben erreichbar, ehe die Strahlung in Bereiche übergeht, die ihm verschlossen sind.

Violett – Beginn der großen Ruhe nach der Bewegung der Farben. Ahnung einer letzten Weisheit und Erhabenheit an der Grenze von Wissen und Einsicht. Schmerz auch über das Ende des menschlichen Schauens.

Mischfarbe, in der sich die große Polarität von Rot und Blau verbindet, in der die Widersprüche verschmelzen, Himmel und Erde, Leben und Tod. Leid und Trauer über das Ende aller Dinge gehen über in die Hoffnung auf eine letzte Vollendung.

Ich stehe an der Grenze, an der ich die bedrängende Nähe Gottes erfahre, an der ich, wenn Gott es will, an ihm selbst teilhabe. Ich vertraue darauf, daß, was hier ein Ende zu sein scheint, in Wahrheit Ausgangsort ist für jene Grundkraft, aus der sich diese Welt in ihre letzte Vollkommenheit wandelt.

Das Reich des Christus ist noch nicht das Ganze und noch nicht die Vollendung. Auch dieses Reich wird ein Ende nehmen. Paulus schreibt im 1. Korintherbrief – und deutet über die Grenze dessen, was wir Menschen auf dieser Erde wissen können, behutsam hinaus:

„Christus ist auferstanden
aus dem Reich der Toten
als Erster unter denen, die entschlafen sind ...
Wenn er wiederkommen wird,
werden die auferstehen, die ihm zugehören.
Am Ende aber wird er das Reich
Gott, dem Vater, übergeben,
nachdem alle Macht von Menschen
und von dämonischen Kräften aufgehoben ist.
Sein Reich wird so lange bestehen,
bis alle Feinde Gottes überwunden sind.
Als letzter dieser Feinde wird der Tod
sein Ende finden ...
Alles wird ihm zu Füßen liegen,
freilich – das ist selbstverständlich –
der Eine ausgenommen,
der ihm solche Macht über alles gegeben hat:
Gott selbst.
So wird zuletzt der Sohn sich vor dem beugen,
der ihm alles übergeben hat,
damit am Ende Gott alles in allem sei."
1. Korinther 15,20–28

Paulus stellt sich vor, das vorläufige Ende der Geschichte und der Menschenwelt bringe eine Scheidung von Licht und Finsternis, und dem Reich des Lichts werde noch immer ein Reich des Bösen gegenüberstehen, dem Reich der Seligen ein Reich der Verdammten. Er hat diese Vorstellung im Grunde selbst schon überwunden, aber es scheint, es bestehe für ihn noch eine letzte Befürchtung, es möchte ein Reich des Todes und des Bösen sich gegen das Reich des Christus behaupten. So deutet er in eine ferne Zukunft und sagt das Einfache, das von Anfang an im Evangelium ausgesagt war: daß alles Leid und Geschrei, alles Elend und alle Gewalt ein Ende haben werden und zuletzt Gott alles in allem sein, alles durchdringen und alles überstrahlen werde. Grenzenlose Gegenwart Gottes – das sei das Ende der Zeit.

Da hört die Geschichte auf, da hört die Schöpfung auf, da hört die Zeit auf. Da müssen wir einander nichts mehr erklären, und da werden wir erkennen, daß wir es von Anfang an im Grunde immer nur mit Gott zu tun hatten in seinen vielen Gestalten. Auch in Jesus Christus. Und da gehen wir mit Christus zusammen in Gott ein und sind in ihm alles in allem. Gott spricht, und es entsteht eine Welt. Gott spricht, und sie vergeht. Er aber bleibt. Und wir sind in ihm.

Wir leben hier in einer Welt aus Spiegelungen und Bildern. So sprach Christus vom Ende und Ziel aller Dinge im Bild einer Hochzeit. Eine Hochzeit ist aber ganz gewiß kein Gerichtsverfahren, sondern ein Fest des beginnenden gemeinsamen Lebens. Das Glück der Brautleute wird dadurch vollendet, daß von ihrem Fest niemand ausgeschlossen bleibt.

Denn Christus selbst ist ja nicht, was wir uns immer wieder gerne vorstellen möchten, der Lichtheld, der mit der Waffe über alle Bösen triumphiert. Er ist vielmehr der große Versöhnende, der „die Feindschaft beendet".

„Denn Gott hat es so bestimmt,
daß in Christus das Ganze, das All, wohne,
die Fülle alles Geschaffenen.
Durch ihn wollte er alles, was ist,
zusammenführen und mit sich vereinen.
Christus sollte Frieden schaffen,
indem er am Kreuz starb,
Frieden zwischen allem, was auf der Erde
und in der unsichtbaren Welt
je verfeindet war."
Kolosser 1,19f.

Dafür also ist Christus gestorben: für die Welt, nicht für uns Menschen allein. Wir haben an dieser Stelle unsere Gedanken meist zu schmal geführt. Auferstehung und Versöhnung betreffen nicht uns allein, sondern die Welt. Und der Sinn der Versöhnung ist, daß die große Zweiteilung der Welt in Licht und Finsternis, in Gott und Satan, in Himmel und Abgrund überwunden wird und eine einzige, in sich vollkommene Welt in der uneingeschränkten Gegenwart Gottes entsteht.

Auch das Böse, sagt Paulus, und gerade das Böse wird einbezogen. Wer sonst hätte Versöhnung nötig? Alles, was wir an widergöttlichen Mächten kennen, kehrt zurück in Gott. Wer denn sonst? Wir selbst, die Kirche mit allem Halben und allzu Menschlichen in ihr. Der menschliche Geist mit seiner angemaßten Autonomie. Aber auch alle Mächte und Dämonen und Teufel, die unsichtbar hinter dem Geschehen in der Welt die Fäden ziehen, ja selbst der, den wir – ahnungslos genug, wer dies sei – den Satan nennen, werden durch Christus in Gott zurückgeführt.

Am Ende der Dinge, sagt Paulus, werden das Leid und der Streit und zuletzt auch der Tod aufgehoben, und Gott wird alles in allem sein und wir in ihm. Wer redet noch von einer auf ewig zwischen Gott und dem Satan aufgeteilten Welt? Wer redet noch von der Ewigkeit eines Gott entgegenstehenden Willens? Wer spricht noch von der Ewigkeit der Hölle?

Wir müssen, meine ich, einen Gedanken fassen, der in der Geschichte der Kirche immer wieder, vorsichtig, behutsam umspielt worden ist, ohne je zum gemeinsamen Bekenntnis erhoben worden zu sein: den Gedanken von der „Allversöhnung", der „Wiederbringung aller", der „Apokatastasis panton". Gewiß, es mag Mühe bereiten, sich vorzustellen, auch der Satan selbst werde eines Tages unter die Kinder Gottes heimkehren mit allen, die er in seiner Gewalt hatte. Aber wer soll denn am Ende das größere Stehvermögen besitzen? Das Böse oder der versöhnende Christus? Wem soll die Ewigkeit gehören? Der festgeschriebenen Spaltung oder dem Gottesreich? So ungewohnt uns dieser Gedanke berühren mag, es führt im Grunde kein Weg an ihm vorbei. Er ist ein fernes Licht am Horizont, an der Grenze unseres Erkennens. Der Ton einer fernen Musik, in der ein unendlicher Trost ist.

Keine Gefahr, so höre ich, hat das letzte Wort, keine Drohung, keine Angst, kein Schmerz, keine Lüge, keine Einsamkeit, kein Verbrechen, keine Gewalttat. Wenn wir überhaupt die Kühnheit besitzen, an den versöhnenden Christus zu glauben, dann ist er die Zukunft der Welt, und unsere kleine Bemühung ist geschützt in seinen Händen.

Führt aber unsere Hoffnung uns auf die Wiederbringung aller Dinge in Gott zu, dann fügt sich auch unser kleines, vorläufiges Schicksal auf dieser Erde schon in diese Zielrichtung. Dann gilt das Wort, in dem der Mann aus Nazaret von der Überwindung der Feindschaft spricht, schon für unseren gegenwärtigen Weg auf dieser Erde.

Denn woran die Welt krankt, das ist ja nicht nur irgendeine böse Macht, wir sind es ebensosehr selbst. Wir sind es, die immer aufs neue den Streit, der in uns selbst ist, hinaustragen unter die Menschen und die Völker und bis hinaus in den Krieg der Sterne. Wir sind es doch, die anders mit ihrer Angst nicht zurechtkommen und mit ihrem Machthunger, als daß sie die Welt teilen in die Guten und die Bösen, und die gegen die „Bösen" Waffen über Waffen aufhäufen auf der Erde, unter der Erde und bis an den Rand des Weltraums, ohne doch Frieden zu finden. Wir sind es doch, die dem Bösen immer wieder aufs neue sein Stehvermögen verschaffen dadurch, daß wir ihm erlauben, unser Leben zu bestimmen, und das gerade, indem wir es zu bekämpfen meinen. Und eben uns soll doch das Wort gelten, es sei durch Christus alles versöhnt, was im Himmel und auf der Erde ist. Nicht, es werde einmal, vielleicht eines fernen Tages, versöhnt werden, sondern es sei jetzt schon versöhnt.

So bindet der Kolosserbrief seinen ekstatischen Hymnus über den kosmischen Christus an die arme, einfache Existenz einer christlichen Gemeinde. Denn sie soll nun den versöhnenden Christus unter den Menschen, in deren Mitte sie lebt, vertreten.

Sie wird dem Bösen immer wieder begegnen in allen seinen Gestalten und unter ihm zu leiden haben. Aber sie soll sich nun keine Kreuzzüge vornehmen, sondern den Kreuzweg des Christus mitgehen und den Frieden schaffen, wie Christus es durch seinen Tod getan hat. Sie darf sich an der Neuschöpfung aller Dinge, wie sie sein werden, wenn Gott alles in allem ist, mit ganzer Kraft beteiligen. Sie darf für alles, was ist, auch für alle Menschen, auch für alles, was wir böse nennen, wünschen und hoffen, daß es zur Vollendung gelange und zu dem unvergänglichen Sein in Gott. Und erst, wer das auch von seinem Feind wünscht, steht im Strom der wirklichen Geschichte, der Geschichte der alles verbindenden Liebe des Christus, jenem Strom, der in Gott mündet.

Können wir über das Ziel der Weltentwicklung etwas wissen? Gewiß nicht mehr als das eine, daß es um das Ende des Streits geht. Aber dies können wir ahnen, glauben, mit ganzem Herzen bejahen. „Gott hat dem Menschen die Ewigkeit ins Herz gelegt", sagt der Prediger Salomo.

Was uns not tut, ist nur, daß

„die Liebe Gottes,
die höher ist als alle Vernunft,
unsere Herzen und Sinne in Christus bewahrt."
Philipper 4,7

Wir sind die Farben entlanggegangen, die sich in den Wetterwolken über unserer Erde spiegeln. Am Rand des Regenbogens wird das Licht für unsere Augen unsichtbar. Das eigentliche, das Urlicht, das Gott selbst ist, ist nicht für unsere Augen bestimmt. Gott wohnt, sagt die Bibel, in einem Licht, in das niemand eindringt. Nur in den sieben Farben bricht sich für uns die Helligkeit des Gottesreiches.

Wenn auf alten Ikonen Christus erscheint, der Auferstehende, der Verherrlichte, dann steht hinter seiner Gestalt oft ein großer, voller Kreis, meist aus weißem Licht. Aber dieses Licht wird von seinem Rand her und der Mitte zu nicht heller, sondern dunkler. Die Maler wollten sagen: Je näher das Licht seinem Zentrum und Ausgangspunkt kommt, desto weniger werden unsere Augen davon wahrnehmen. Was unser Auge nicht sieht, ist für uns dunkel. Die Mystiker des Ostens sprechen darum von einem „überlichtigen Licht", das unseren Augen als Dunkelheit erscheint, obwohl es das ungeschaffene, das reine Licht Gottes ist. Und so sprechen sie von der „Nacht der Gottheit".

In diesem Widerspruch enden unsere Gedanken. Aber dort lösen sich auch die Widersprüche, die immer wieder am Ende unserer Gedanken stehen. Da schließt sich für uns endgültig der große, volle Kreisbogen und gibt uns eine leuchtende Ahnung von dem, was sein wird, damit wir Gelassenheit und Gewißheit finden auch in unserer Sorge um diese Erde und um die Menschen auf ihr.

Da bleibt nur die Anbetung, das Sein in Gott. Da lassen wir, was unsere Gedanken bewegt, in Gott ruhen. Da lassen wir alle Bilder, die uns vor Augen stehen, einsinken in Gott. Da geben wir, was wir über das Gottesreich gedacht haben, Gott zurück, wie Christus am Ende das Reich ihm zurückgeben wird. Da legen wir unsere Fragen und Sorgen Gott in die Hände und nehmen aus seinen Händen wieder, was er uns als seine Antwort zugedacht hat.

Und vielleicht, wenn uns eines Tages – nach allen Schrecknissen dieses Jahrhunderts – wieder und noch viel schrecklicher das Grauen überfällt, das Geschrei des Krieges und der tausendfache Tod, dann gebe Gott, daß der große, leuchtende Bogen vor unseren Augen über der Erde stehen bleibt als Zeichen einer Rettung, auf die wir durch alles, was geschieht, hindurch zugehen.

Es gibt eine kleine Kapelle, die ich besonders liebe. Sie steht in Irland am Ufer des Shannon, in der alten Klostersiedlung Clonmacnoise. Auf dem weitläufigen, parkähnlichen Gelände mit den alten Klostermauern und Hochkreuzen und dem schmal aufragenden Turm steht, etwas abgelegen, eine von den Besuchern kaum beachtete Nonnenkirche oder eigentlich nur die Ruine von ihr, die Umfassungsmauern und das Tor.

Ich stehe davor und sehe über dem Eingang eine Kette wilder Raubtiere und Dämonengesichter wie einen Kranz aus Blumen halbbogig aufgereiht. Durch ihre Mäuler ist ein Seil gelegt. Ihr Haß, ihre zerstörende Macht sind überwunden. Nun bilden sie ein festliches Tor, unter dem ich die Kirche betrete. Ich finde mich in einem kleinen Raum, wenige Meter lang und breit, und vor einer engen Chorapsis. In ihr ist nur eine einzige halbrunde Fensteröffnung, nicht größer als die Fläche zweier Hände, niedrig, fast zu niedrig in der Mitte der Chorwand ausgespart.

Solange ich stehe, sehe ich die Steine und Furchen eines Ackers durch das Fenster. Wenn ich knie, sehe ich den Himmel. Und das, so scheint mir, gilt immer und überall, wo ich in dieser Welt etwas schauen will von Gottes Reich.

DAS SIEBENFACHE REICH

Ich schaue das Reich
in seinen sieben Gestalten,
nahe bei mir, fern von mir,
in mir, um mich her, mir gegenüber.
Ich sehe es mit den leiblichen Augen,
mit den Augen des Geistes,
mit den Augen der Seele.
Mit den Augen der Liebe
und der Hingebung.
Mit den Augen der Hoffnung
und der Anbetung.

Aber nie ist es eins und ganz.
Immer bleibt es getrennt
in die Farben des Lichtes.

Ich wende mich dem Christus zu,
wie er auf mich zutritt
in den sieben Gestalten des Gottesreiches.
Er ist einer, das weiß ich.
Aber immer bleiben die Weisen
seiner Nähe rätselhaft getrennt.

Wie kann ich das Ganze sehen?
Das Ganze und Eine in meinen beiden
kleinen Händen halten so,
daß es nicht zerbricht?
Spiegelt es sich nicht in mir selbst?

Schöpfung bin ich,
lebendiges Wesen –
zusammen mit den Geschöpfen Gottes.
Geheiligt durch den Christus,
der mir gleich wurde.

Geist bin ich,
Teilhaber des unsichtbaren Reiches.
Nicht vom Brot allein lebe ich,
sondern von einem jeden Wort von Gott,
das ich empfange.

Glaube bin ich,
ein Innen in meiner Seele,
mehr als meine Seele selbst.
Tief und reich ist die Quelle,
aus der Gott in mir – zu mir – spricht.

Ein Ich, ein Du bin ich.
Unter Menschen lebe ich,
und meine Hand und mein Wort
wirkt mit ihnen.
Ich leide mit ihnen und finde
in ihnen und mir Gottes Reich.

Ein Verehrender bin ich,
im Kreis der Kinder des Geistes.
Hörender und Antwortender
im großen Gespräch der Jahrtausende
und in der Gegenwart der Anbetenden.

Ein Wartender bin ich,
ein Freier, den die Zeit nicht bindet.
In die Zukunft schaue ich,
hoffend, träumend,
und weiß: ich werde sein.

Dies alles, was ich bin,
bin ich aus Gott.
Wenn Gott alles sein wird in allem,
werde ich eins sein in mir
und eins in ihm selbst.

Und so halte ich
die sieben Gestalten des Reiches
zusammen in meiner kleinen Hand.

„Welche Tiefe des Reichtums,
der Weisheit und Einsicht Gottes!
Wie unergründlich sind seine Gedanken,
wie unerforschlich seine Wege!
Wer hat des Herrn Absicht erkannt?
Wer ist sein Ratgeber gewesen?
Er ist Ursprung,
ist Kraft und Ziel aller Dinge.
Ihm sei Ehre in Ewigkeit.“
Römer 11

Jörg Zink
ERFAHRUNG MIT GOTT
Einübung in den christlichen Glauben

„Dieses Buch redet von der ersten Seite an so, daß man merkt: hier spricht jemand, der mich versteht, der mich meint. Unversehens befindet man sich in einem Gespräch, das einen nicht mehr losläßt. Jörg Zink nimmt den Leser an der Hand und zeigt ihm an Geschichten, die er oft gehört, aber nie mit sich selbst in Verbindung bringen konnte, daß die Bibel ihm entgegenkommt, ihm Geheimnis um Geheimnis erschließt. Wer dieses Buch liest, erfährt endlich, was Theologie zu leisten vermag: sie räumt Hindernisse aus dem Weg, statt neue aufzubauen, sie öffnet Möglichkeiten zum Verstehen, statt sie zu verbauen." *Sender Freies Berlin*

Jörg Zink
LICHT ÜBER DEN WASSERN
Geschichten gegen die Angst

„Jörg Zink schreibt für alle Leser, die bestimmten Erzählungen der Bibel hinter ihr Geheimnis kommen wollen. Er zeigt Modelle der Angstüberwindung, wie sie vor Jahrtausenden erstellt wurden, und macht sie transparent auf heutige Formen des Erleidens und Überwindens von Angst, Leid und Depression." *Hamburger Abendblatt*

Kreuz Verlag

Jörg Zink
SAG MIR WOHIN
Weg und Ziel des Menschen

„Der Bild-/Textband schneidet eine Vielzahl von
Fragen an, die vor allem junge Menschen in unserer
Zeit stellen. Wohin geht die Lebensreise? Und wie
sieht denn der Weg aus, den man dahin gehen muß?
Die Antworten orientieren sich an den Worten von
Jesus von Nazareth und an den Beispielen tätiger
Nachfolge aus unserer Zeit. Dieses Buch kann dazu
helfen, ein Stück Orientierung zu vermitteln. Nicht
nur Jugendlichen, sondern auch Erwachsenen.
Denn die Fragen sind die gleichen. Bei alt und
jung." *Aufbruch*

Jörg Zink
WAS BLEIBT, STIFTEN DIE LIEBENDEN

„Dies ist ein menschliches Buch vom Sinn des
Lebens, ein christliches Buch vom Zentrum des
Evangeliums und ein aktuelles Buch von der geistigen Kraft der Liebe, aus der die Menschheit ihre
Zukunft gewinnen kann. Ausgehend vom Hohen-
lied auf die Liebe aus dem 1. Korintherbrief beschreibt Jörg Zink die Gestalten der Liebe. Ihm ist
hier ein Buch gelungen, das im besten Sinne seel-
sorgerlich ist und das zentrale Thema des christlichen Glaubens gültig auslegt." *Helfen und Heilen*

Kreuz Verlag